“十二五”国家重点图书出版规划项目
北京市社会科学理论著作出版基金重点资助项目

GZC 高校主题出版 GAOXIAO ZHUTI CHUBAN

／总主编　韩　震／

社会主义核心价值观·关键词

和　谐

章伟文　黄义华　蒋胜英　编著

中国人民大学出版社
·北京·

图书在版编目（CIP）数据

社会主义核心价值观·关键词. 和谐/韩震总主编；章伟文，黄义华，蒋胜英编著. —北京：中国人民大学出版社，2015.4
ISBN 978-7-300-21045-2

Ⅰ.①社… Ⅱ.①韩…②章…③黄…④蒋… Ⅲ.①社会主义建设-价值论-中国 Ⅳ.①D616

中国版本图书馆 CIP 数据核字（2015）第 067715 号

社会主义核心价值观·关键词
总主编 韩 震
和 谐
章伟文 黄义华 蒋胜英 编著
Hexie

出版发行	中国人民大学出版社		
社　　址	北京中关村大街 31 号	**邮政编码**	100080
电　　话	010－62511242（总编室）		010－62511770（质管部）
	010－82501766（邮购部）		010－62514148（门市部）
	010－62515195（发行公司）		010－62515275（盗版举报）
网　　址	http://www.crup.com.cn		
经　　销	新华书店		
印　　刷	天津中印联印务有限公司		
规　　格	160 mm×235 mm　16 开本	**版　　次**	2015 年 5 月第 1 版
印　　张	8.25　插页1	**印　　次**	2023 年 1 月第 6 次印刷
字　　数	98 000	**定　　价**	28.00 元

目　录

第一章　如何理解“和谐”与“和谐社会”　1

一、如何理解“和谐”　3

二、如何理解“和谐社会”　7

三、如何理解社会主义和谐社会　18

第二章　中华民族传统文化对构建社会主义和谐社会的启示　25

一、民族文化与构建社会主义和谐社会的关系　27

二、积极弘扬中华优秀民族文化，为构建社会主义和谐社会服务　31

第三章　“和谐”是基于中国文化传统的价值理念　49

一、“和谐”作为社会发展的价值目标　51

二、“和谐”是社会制度的价值理念基础　71

三、“和谐”是重要的社会人文价值规范　83

第四章　“和谐”是体现社会主义特征的价值理念　95

一、只有社会主义才能真正为社会的广泛“和谐”提供保障　97

二、社会主义倡导公平正义体现了社会的真实“和谐”　102

第五章　“和谐”是具有世界普遍意义的价值理念　115
一、以“和谐”作为世界普遍文化价值理念的理论依据　117
二、以“和谐”作为世界文化价值理念的现实意义　123

第一章

如何理解“和谐”与“和谐社会”

一、如何理解“和谐”

（一）“和”的含义

在汉字中，“和”这个字，其字形采用“口”作偏旁，“禾”作声旁。从字面的意思来看，“和”最初就是“相呼应”的意思。

东汉许慎《说文解字》解释“和”字：“相应也。从口禾声。户戈切。”

“相呼应”意味着有多种多样的不同因素项并存，这些不同因素项并不是不相关的，而是互相呼应、彼此配合，构成一个不可或缺的整体。在中国古代，“和”主要包含以下几种意思：首先是调和音乐中的各种音律，使之能成为一首优美动听的乐曲，也就是说，将乐器所发出的各种音调、音色相调和，组合成完整的乐曲，或者就指各种声音的协调。

如《广韵》这部书解释“和”，认为是“声相应”；《集韵》解释“和”，认为它有“调”的意思；《尔雅·释乐》也提出：“徒吹谓之和。”而《周易·中孚·九二》的爻辞有：“鸣鹤在阴，其子和之”的说法；《礼记·檀弓》也有“竽、笙备而不和”的说法，《尚书·舜典》则提出“律和声”；如此等等。

其次，“和”除了有调和音律的意思外，也有调和饮食中各种味道的意思。同时，它也指那些非常适合众人口味的美食，如古代典籍中，就有“和味”的说法，“和味”指的就是适合人们口味的美食。

如《礼记·礼运》说：“五味，六和，十二食，还相为质也。”这里的“六和”指的是什么呢？因为春天之味多酸，夏天之味多苦，秋天之味多辛，冬天之味多咸，酸、苦、辛、咸四味，如果再加上

“甜”味，就是“五味”。甜味的作用是调和，有“滑”、“甘”之效；酸、苦、辛、咸，再加上滑、甘，这就是“六和”。

《礼记·礼器》说：“甘受和”；《周礼·天官》说：“内饔掌王及后、世子膳羞之割、烹、煎、和之事。”

《礼记·王制》：“中国、夷、蛮、戎、狄，皆有安居，和味，宜服，利用，备器。”

在中国古代，“和”还可以指人性情修养的理想状态。如《礼记·中庸》所说：“发而皆中节谓之和”。人有七情六欲，在生活中，人们总会感受到喜欢、愤怒、哀伤、快乐、害怕、厌恶、欲求得到等种种情感，这些情感的产生和表达，能否当于其理而合其度，是人们所关切的。如果人们的种种情感在发出时总是合理而适度的，则可以称之为“发而皆中节”，如此则可以说是“和”。

在汉语中，从“和”字又可以引申出其在社会生活中的多种含义，如人身体阴阳协调，可以称为“和适”；身体不健康，调治、调适身体，叫“调和”；为人处世性情好、脾气好，可以称为“平和”；家庭成员之间关系融洽，则是“和睦”；激烈冲突的双方不去争战，称为“和解”；弈棋或赛球等体育比赛结局不分胜负，称为“和局”；依照相近的题材和体裁作诗词，以诗赋相酬答，称“酬和”；乃至气候温暖，也叫气候“温和”；如此等等。我们可以看到，在汉语中，虽然“和”的意思很广泛，但一般都有不同因素相应、配合得当之意。

(二)“谐”的含义

《说文解字》解“谐”，说：“詥也。从言皆声。户皆切。”认为“谐”字形采用“言”作边旁，采用“皆”作声旁，就其字义来说，“谐”有融洽、协调的意思。

《说文解文》以“谐”有“詥”之意。中国古代另外一部书《广雅》提出“谐”有“耦”之意，耦则为双，引申为多。《玉篇》则认为，“谐”谓：“合也，调也。”从这个角度来说，“谐”有多而融洽之意。

中国古代的一些重要典籍关于“谐”，更多地从“和合”、“协调”的角度来予以解释，如：

《尚书·尧典》说：“克谐以孝。”

《尚书·舜典》说：“八音克谐。”

《礼记·礼器》：“君子有礼，则外谐而内无怨。”

《淮南子·缪称训》：“阴谐知雨。”

另外，《说文解字》中，与“谐”意思相近的还有“燮”，“燮”不仅与“谐”音同，而且它本身就有“和”之意，《说文解字》解“燮”为：“和也。从言从又炎。”古代有“燮和”之说，“燮和”即“协和”，有调和、治理的意思，如：

《尚书·顾命》有：“燮和天下，用答扬文、武之光训。”

《新唐书·苏瓌传》：“宰相燮和阴阳，代天治物。”

在《说文解字》中，“谐”与“协”的意思也有相通之处。《说文解字》解“协”：“众之同和也。从劦、从十。”清代学者段玉裁《说文解字注》释“协”之意，认为：“各本作众之和同，非是，今正。同众之和，一如同力。”还有人认为“协，众人同声应和”，引申开来，则还有“同心之和”的意思。

关于“谐”字的词组，中国古代有“谐声”“谐韵”等，“谐声”指汉字六种构字法中的一种，这六种构字法分别是：象形，会意，转注，处事，假借，谐声。其中，“谐声”也就是“形声”，指的是意符（即形符）和声符并用的造字法。有时候，“谐声”也指声韵谐和。

如唐李绅《皋桥》诗：“鸿鹄羽毛终有志，素丝琴瑟自谐声。”

所谓“谐韵”，指的是“押韵”。

如清代学者章学诚《文史通义·诗教下》：“《渔父》之辞，未尝谐韵而入于赋。”

近代学者章炳麟《与杨树达书》：“《诗》三百篇之谐韵，盖与今之南北曲同，以平上错杂相谐，不得谓古无上声也。”

此外，中国古代有“谐比”之说，其意指和谐亲近，或者文章、诗词按韵排比成句；也有“谐从”之说，指和顺之意；其他诸如“谐畅”，亦作“谐鬯”，指和谐流畅，其中的“鬯”通“畅”；“谐度”指合于音律、法度的标准；如此等等。

(三)“和谐”的含义

“和”与“谐”对应并组成词组，在中国古代的一些重要典籍中即已出现，如：

《周礼·地官·调人》：“调人掌司万民之难而谐和之。”

《左传·襄公十一年》：“如乐之和，无所不谐。”

中国道教史上号称“万古丹经之王”的《周易参同契》较早地将“和谐”作为一词使用。相传此书为东汉时期的隐士魏伯阳所著，根据五代著名道士、道号“真一子”彭晓的分章，在《周易参同契》“二土全功章第十一”阐明丹道药物交媾之道时，有如下说法：“子午数合三，戊己号称五。三五既和谐，八石正纲纪。”

丹经向来以难懂著称，因为其中有很多所谓的“隐语”，道士们常常以某些隐晦的言语来说明炼丹的方法与原理。在这里，《周易参同契》所提到的“三五和谐”，大概的意思是指炼丹时，水、火、土之间阴阳配合得当，五行相为夫妇、互作君臣，朱砂、雄黄、雌黄、硫黄、空青、云母、硝石、戎盐（青盐）八石之间互相配伍、相为制约，共成神丹。

因此，句中所提到的“和谐”，强调了炼丹中“和顺”药物阴阳之理的重要性，它所依据的道理，就是《周易·系辞》当中提到的“一阴一阳之谓道”“阴阳不测之谓神”。此书认为，人们若能得《周易》阴阳配合之妙，不仅炼丹有成；依此治理政事，亦简易而不繁难、复杂；依此修身、养性，可以合于黄、老自然之法则，故此书得名为《周易参同契》。

此外，东汉时期，还有一些学者在文章中将“和谐”作为一词来用：

唐如《诗经·周南·关雎》有“关关雎鸠”，东汉大儒郑玄笺注说：“后妃悦乐君子之德，无不和谐。”

纵观历史，“和谐”一词主要表达的是“和睦”“协调”的意思。

宋代司马光在《瞽叟杀人》中说：“所贵于舜者，为其能以孝和谐其亲。”

当然，“和谐”也有配合得匀称、适当的意思。

如《晋书·挚虞传》：“施之金石，则音韵和谐。”

清代赵翼著《瓯北诗话·黄山谷诗》：“自中唐以后，律诗盛行，竞讲声病，故多音节和谐，风调圆美。”

此外，“和谐”还有“和解”“和好相处”“和顺”“协调”等意。

二、如何理解“和谐社会”

（一）中国古代关于“和谐社会”的认识

1. “和”“同”在政治生活中的不同含义

在中国古代，“和”也被指为政治生活中各方处于协调、融洽的状态。如西周末年，政治统治出现了危机，一些有识之士开始反思为什么会出现这种危机，出现这种危机意味着什么，他们倾向于认为，出现这种危机是因为社会政治失去了“和”。如史伯就认为，周后期的统治者由于不重“和”而重“同”，导致了国家的混乱。《国语·郑语》载：

桓公为司徒，甚得周众与东土之人，问于史伯曰："王室多故，余惧及焉。其何所可以逃死?"史伯对曰："王室将卑，戎、狄必昌，不可偪也。"……公曰："周其弊乎?"对曰："殆于必弊者也。《泰誓》曰：'民之所欲，天必从之。'今王弃高明昭显，而好谗慝暗昧；恶角犀丰盈，而近顽童穷固，去和而取同。夫和实生物，同则不继。以他平他谓之和，故能丰长而物归之；若以同裨同，尽乃弃矣。故先王以土与金、木、水、火杂，以成百物。是以和五味以调口，刚四支以卫体，和六律以聪耳，正七体以役心，平八索以成人，建九纪以立纯德，合十数以训百体。出千品，具万方，计亿事，材兆物，收经入，行亥极。故王者居九亥之田，收经入以食兆民，周训而能用之，和乐如一。夫如是，和之至也。于是乎先王聘后于异姓，求财于有方，择臣取谏工而讲以多物，务和同也。声一无听，物一无文，味一无果，物一不讲。王将弃是类也，而与剸同。天夺之明，欲无弊，得乎?"

"和"指不同事物、不同要素的和合与统一；"同"指相同东西的简单相加或同一。"和"与"同"的意思是有较大差异的。

郑桓公是郑国的始封之君，曾在西周幽王时任周之司徒。他看到周王室多难，处于危机四伏的境地，为此深感恐惧和忧虑，就问周太史伯，周朝的命运将会如何，应该怎么办才能摆脱这种困境。史伯认为，周朝衰败和戎、狄的兴盛是必然的，原因就在于统治者抛弃明智有德之人而只亲近奸邪昏庸之人。这种行为上升到理论，就是"去和而取同"。为此，史伯提出"和实生物，同则不继"的观点，认为只有在"和谐"的政治环境下，社会和万事万物才可能得到发展；如果统治者一味地要求社会和万事万物与自己的意志"相同"，则社会和万事万物就会失去发展的生机。

史伯所说的"和"，指的是"以他平他"，就是说不同性质的事物和谐地组成一个统一体，这样事物才能得到丰富和生长；史伯所说的“同”，指的是“以同裨同”，就是说只有相同的事物在一起，事物只是简单地重复而没有变化，新事物也无从产生，所以“尽乃弃矣”。史伯反对“去和而取同”，为了论证这个观点，他提出了一系列的论据：如自然界的百物都是“和合”金、木、水、火、土五行而生成的；调和酸、甜、苦、辣、咸五味才可能做出可口的饭菜；调和黄钟、太簇、姑洗、蕤宾、夷则、无射六种音律，才可能有悦耳动听的音乐；如此等等。

社会政治也是同样的道理。君王作为统治者，要以社会“和谐”作为治理的目标，要调和社会上王、公、大夫、士、皂、舆、隶、僚、仆、台十个等级和阶层之间的矛盾，使他们和谐相处；要娶异姓之族的女子作为皇后，从持不同政见的谏臣中选取官吏；等等。只有这样，统治者才可能创造一个“和同”的政治环境，社会上下才可能“和乐如一”。史伯强调合理的社会应该是一个多样性和谐统一的社会，如果求同而不存异，则社会必乱。

但是，周后期的统治者弃“和”取“同”，要求社会和万事万物都必须与自己的意志相一致，君主所看到的、所听到的人和事，都只有相同而没有相异，这样君主就不可能明智地认识社会和事物，不可能成为明君。这样，希望社会、国家没有弊病就是不可能的。

其他典籍也有不少提及了政治生活中的“和”，如：

《尚书·尧典》讲“协和万邦”。

《周易·乾卦》提及：“保合太和，乃利贞。”

应该说，史伯提出“和实生物，同则不继”的哲学命题，从事物矛盾统一性的方面，论证了“和谐”对于国家、社会以及自然界万事万物的重要性。史伯看到“和谐”“统一”是事物发展中不可缺少的，故提出“和实生物”，这是当一个社会处于和平、稳定的发展时期所必须要予以强调的。唯有“和谐”，才能为发展创造稳定的社会环境；唯有多样性的统一，社会才能有所发展。

2. “和谐”并不排斥“差异”

“和谐”并不意味着排斥“差异”。春秋时期，史墨提出了“物生有两”的哲学命题，更多地从事物矛盾的斗争性方面，论证了事物矛盾存在的必然性以及矛盾双方斗争对事物发展的促进作用。这与史伯所强调的“和谐”并不矛盾，因为“和谐”并不意味着没有差异，没有斗争、没有变化与发展。《左传·昭公三十二年》载：

> 赵简子问于史墨曰：“季氏出其君，而民服焉，诸侯与之，君死于外，而莫之或罪也。”对曰：“物生有两、有三、有五，有陪贰。故天有三辰，地有五行，体有左右，各有妃耦，王有公，诸侯有卿，皆有贰也。天生季氏，以贰鲁侯，为日久矣，民之服焉，不亦宜乎！鲁君世从其失，季氏世修其勤，民忘君矣。虽死于外，其谁矜之？社稷无常奉，君臣无常位，自古以然。故《诗》曰：‘高岸为谷，深谷为陵。’三后之姓，于今为庶，主所知也。在《易》卦，雷乘《乾》曰《大壮》，天之道也。”

史墨是春秋时晋国的史官。晋国的执政者赵简子问史墨，鲁国大夫季氏将鲁昭公驱逐出鲁国，但老百姓没有感到这有什么不合适的地方，其他诸侯国也认可了这件事；鲁昭公逃离鲁国后，死在了外面，但没有人认为季氏有罪，这是为什么？史墨认为，“物生有两”，万物生下来，有时是两个在一起，有时是三个在一起，有时是五个在一起，都有与自己相匹配的，这就是“两”，就是事物的“偶”与“对”。从自然界来看，天有日、月、星三辰，地有金、木、水、火、土五行，身体有左、右两边，都各有与自己相应的矛盾对立面；从社会现象来看，君王与公侯相对，诸侯与卿大夫相对，也都离不开矛盾的对立与斗争。这种“两”的存在，使得事物必然处于斗争与发展的过程中。季氏与鲁君的斗争就是矛盾对立面斗争的一个表现。鲁国国君世代不修其德，季氏虽然是鲁国的大夫，但却世代勤政爱民，以至于百姓都不知道还有国君的存在，既然这样，君主死在外面，又有谁来怜悯他呢？自古以来，社稷之神的祭祀人并不是固定的，君臣之位也不是固定的。正如《诗经》中所说的：“高岸为谷，深谷为陵。”过去君王的后代如今不再是贵族，而成为一般的老百姓，这是您（指赵简子）所知道的。在《周易》中，乾象征天和君，震象征雷和臣，雷乘于乾之上，表示臣居于君之上，君臣易位，于卦为《大壮》，是“天之道”的表现，这说明臣强君弱、君臣易位，是合于历史发展之理的。

史墨看到了西周末年社会中存在着“变革”的事实，他认为这种变革符合自然和社会发展的规律，符合历史发展的潮流。在自然界中，有“高岸为谷，深谷为陵”的现象，社会中当然也有“社稷无常奉，君臣无常位”的现象，这些现象都是合理的。史墨用“两”这个范畴来揭示事物及其内部的矛盾性，认为任何事物内部和事物之间都存在着矛盾对立面，矛盾对立面的斗争会推动事物的变化与发展，这种变化与发展是“天之道”的表现。这种矛盾的对立与斗争，促使事物向与自己相反的方向转变，这种转变能推动事物向更良性、更合理、更高层次的“和谐”社会发展。

（二）中国古代对“和谐社会”基本内容的理解

在中国古代，人们通常把“和谐社会”看作一种整体和谐、协调发展的理想社会状态。这种理想的社会状态通常由作为生命个体的人自身的身心和谐，人与人之间关系的和谐，社会各系统、各阶层关系的和谐，作为整体的人类与自然环境的和谐等方面内容所构成。

1. 人自身的身心和谐

社会是由个人所组成的，社会的和谐离不开个体的人的自身和谐。在中国传统学术思想中，关于个体人自身如何保持自己身心的和谐，其论述尤其丰富；很多学者都关注个体的人的生命和谐、健康快乐、精神境界与超越等问题。

老、庄道家思想及后来由此演变出来的道教，就非常重视个体生命的身心整体和谐。当然，对于如何修持并获得身与心的和谐，不同学术派别因其所关注的侧重点不同，观点及修持方法、路径也略有差异。

以北宋金丹派南宗的紫阳真人张伯端为代表的一派，主张先命后性、身心一元，以采气、养气、修性、复命等为主要修持手段。

另一派以金代道教全真派创始人王重阳为代表，继承先秦老庄思想，主张个体的修持重在以精神修养为主，提出以全性、葆真为主要手段的心身和谐论。

儒家探讨人生境界和圣贤气象问题，对“和谐”思想作了重要探讨。儒家将个体生命的“和谐”与对“仁”“义”的追求结合在一起，生命的意义在于求仁、行义，在求仁、行义中成圣、成贤，圣、贤的理想人格也因此成为儒者的人生追求目标。这种圣与贤的理想人格，既强调治国、平天下的经世济民，也强调个体的心安理得、安乐闲适的内在精神超越，这也就是其所追求的“内圣外王”。其中，“内圣”是“外王”的基础，而“内圣”的内在精神超越，便包含有个体的身心“和谐”这一最基本的诉求。

2. 人与人之间关系的和谐

中国古代关于和谐社会的论述，在强调个人自身和谐的基础上，对于人与人之间的和谐相处也非常关注。

古人认为，个体身心和谐的价值实现，与人与人之间普遍和谐所提供的社会条件是密不可分的，因此古人在理解个体身心和谐的同时，基本上不会持一种原子式的个体和谐观，因为这种“和谐”通常只强调个体自身的协调自足，这种个体本身的协调自足究其实质也只是一种自我的抽象私人性，在追求和谐的过程中，反而造成了对和谐之真实性的抹杀。

儒家的“和谐”思想，在强调个体身心和谐的同时，也强调人与人之间关系的和谐。儒家主张“仁者爱人”，这种价值观对形成人与人之间和谐共融的人际关系，是具有重要意义的。那么，儒家何以要强调“仁者爱人”，个体的和谐与人与人之间关系的和谐这两种和谐是如何达成的，其理论的基础是什么？我们从宋明理学的一个重要哲学命题——“理一分殊”来解答上述问题。所谓“分殊”，指的是个体存有所得于本体的真实性质，在这个过程中，本质通过一种具体的存在形式来展示自己，这种展示具有特殊性、内在性；但是，这种特殊性、内在性并不与“理一”相排斥，好比北京颐和园昆明湖水中倒映的月亮影像，可能与北京大学未名湖水中倒映月亮的影像有所不同，这种不同首先就表现在其地理位置和空间上的差异，然而，它们却又都是对悬挂于天穹中的月亮本身的反映，其“理”为“一”，其“分”则“殊”。因此，个体的差异性并不意味着不同个体之间是各自封闭的、不相关联的。恰恰相反，不同个体之间因“理一”而具有共通性，因“分殊”而具有差异性，在差异性的“分殊”中，因“共通”性的存在，使得不同个体之间有达成整体和谐的可能性。这也就是儒家所强调的“和而不同”的一层意思。

这种人与人之间和谐相处的思想，对于我们当代社会来说，仍然有其价值与意义。

相关链接

北京师范大学价值与文化研究中心的韩震教授认为：“和谐”，不仅为中华民族一直所推崇，而且也成为中国特色社会主义的本质要求。在中国特色社会主义的理论语境中，所谓和谐，就是实现社会主义社会中人与人、人与社会、人与自然环境良好互动、相互促进的关系状态。这个价值包容人权价值，却又超越了人权价值的视阈。在资本主义的语境中，人权更多的是从个人的角度去理解的。如果每个人都尽可能或毫无限制地行使自己的权利，那么他们的权利诉求就必定很快处于相互竞争甚至相互冲突的状态之中。和谐就是利用法律、道德和文化的规范力量，在尊重每个人基本权利的基础上，规范人们的权利诉求方式和边界，避免人们权利之间的冲突，实现马克思所说的“每个人的自由发展是一切人的自由发展的条件”。可以说，和谐就是在民主、公正规范下的所有人自由发展的社会状态。

——《教师的十堂政治素养课》，上海，华东师范大学出版社，2013

3. 社会各系统、各阶层之间的和谐

“和谐”也包括社会整体中各个组成阶层、系统之间关系的协调。对此，中国古代也有相当多的论述。

春秋时期，儒家的创始人孔子在论“礼治”“德政”时，对于社会各系统、各阶层如何和谐相处，有所阐释。

孔子名丘，字仲尼（公元前 551—前 479），鲁国陬邑人，先祖为宋国的贵族。孔子曾在鲁国担任过短期的司寇之职，后游历各诸侯国，希望将自己的政治主张付诸实施。孔子所处的春秋时代，周王室已经式微。一些诸侯王纷纷起来争霸，周王朝所确立的政治、经济和社会文化制度都遭到了严重破坏，孔子认为那是“天下无道”“礼崩乐坏”的时代。

孔子对于春秋时期的社会现状是不满意的。面对这种情况，孔子认为首先应该致力于缓和诸侯国的阶级矛盾，恢复社会的和谐与稳定。一个社会中的阶级和社会矛盾太尖锐了，是不容易治理好的，要治理好就必须缓和矛盾，使社会各个阶层的利益都能得到一定程度的满足，孔子认为这要依靠“礼”。“礼”的作用就是用来缓和阶级、社会矛盾的。孔子认为，先王最值得称道的地方，就在于“礼”。

《论语·学而》：“礼之用，和为贵。先王之道，斯为美。小大由之。有所不行，知和而和，不以礼节之，亦不可行也。”

《论语·为政》：“道之以政，齐之以刑，民免而无耻；道之以德，齐之以礼，有耻且格。”

“礼之用，和为贵”是有子的观点。有子即有若，是孔子的学生。有若的这个观点，也基本表达了孔子的意思，即认为礼的作用是为了促进社会和谐。先王为政之道中，这一点是弥足珍贵的。不管大事小事都要以礼来节制，这样才会有社会的和谐。和谐不是“和稀泥”，不能为了和谐而和谐，和谐要通过礼来规范和衡量，否则在现实中就行不通。如果在现实社会的治理中，不依靠礼治，而仅以政令来治理百姓，以刑罚来规范、约束民众，老百姓也可能因此而避免犯罪，但不能因此而培养一种善恶、羞耻的价值观念；如果以德惠民，以礼齐民，则老百姓不仅能避免犯罪，而且能培养羞耻之心而恪守规矩。这样，社会就容易保持和谐，统治者统治起来也很方便。

如何来实行礼治呢？孔子认为，首先要“正名”。在现实生活中，犯上作乱、僭越坏礼、兼并掠夺等现象比比皆是，周王朝所实行的政治上的分封制、经济上的井田制受到了极大冲击。孔子认为应通过“正名”来恢复“礼制”；“礼制”恢复了，国家和社会就会重现和谐。因为名分不正，所说的话让人听着就不顺当；以这种让人听着不顺当的话去指导做事情，则事情也不容易做成；事情做不成，礼乐就兴不起来；礼乐兴不起来，刑罚就不能保证恰到好处；刑罚不能保证恰到好处，老百姓就不知道该怎么办才好。在这种情况下，怎么能治理好国家呢？所以，君子通过正名分，才可能更好地发布政令，这样的政令才可能得到执行。孔子认为，天下有道，其重要表现就是天子决定国家的大事，社会和谐，秩序井然，如果诸侯、大夫、家臣等众多人都来干预政治，争权夺利，就很容易造成天下大乱。

但是，“礼制”只是一种外在的制度，这种制度对于保持社会的和谐是必需的。“礼制”的基础是“仁”，“仁”更多的是一种内在的道德、精神境界。由“仁”发而在外，则有“忠恕”“孝悌”“礼”“义”“德”“信”等各种外在的道德行为。孔子认为要从根本上解决问题，必须要重视“仁”。礼制、孝悌、忠信等治理国家、协调社会各种关系的制度和形式要以“仁”作为基础。孔子认为“仁”是各种社会政治制度的基础。形式和内容、外在与内在需要有机统一起来，一个人如果不“仁”，他怎么能很好地制定、遵守“礼制”呢？一个人如果不“仁”，他又怎么能很好地用“乐”呢？“仁”是社会礼乐制度的基础。孔子在《论语》中多处论及“仁”：

樊迟问仁。子曰：“爱人。”（《论语·颜渊》）

有子曰：“其为人也孝弟，而好犯上者，鲜矣！不好犯上，而好作乱者，未之有也。君子务本，本立而道生。孝弟也者，其为仁之本与！”（《论语·学而》）

仲弓问仁。子曰：“出门如见大宾，使民如承大祭。己所不欲，勿施于人。在邦无怨，在家无怨。”（《论语·颜渊》）

子贡曰：“如有博施于民而能济众，何如？可谓仁乎？”子曰：“何事于仁，必也圣乎！尧舜其犹病诸！夫仁者，己欲立而立人，己欲达而达人。能近取譬，可谓仁之方也已。”（《论语·雍也》）

颜渊问仁。子曰：“克己复礼为仁。一日克己复礼，天下归仁焉。为仁由己，而由人乎哉？”颜渊曰：“请问其目。”子曰：“非礼勿视，非礼勿听，非礼勿言，非礼勿动。”（《论语·颜渊》）

孔子认为“仁”，其基本的内核就是“爱人”，就是要有仁爱之心。秉承这种仁爱之心，在日常生活中，就能孝悌于自己的长辈；在政治生活中，就能爱惜民力，为政以德；在个人道德修养方面，就能以礼来约束自己，不做于礼不合、于心不安的事；在人际交往中，就能推己及人，有同情心，能理解别人；自己想有所成就，也帮助他人有所成就；自己想开拓发展，也帮助他人开拓发展；自己不能忍受的，也不把它强加在别人身上。从自己身边的小事做起，是实行“仁”的方法。“仁”的实施，可以使人际关系和谐，君敬臣忠，父慈子孝，邦家均无怨。孔子“仁”的思想，在春秋时期阶级矛盾尖锐的社会中，是很难得到实践的，因为社会能否得到治理，取决于很多因素。孔子将之归结为“仁”心的缺乏，希望以“仁”来解决社会中所存在的种种问题，这就不恰当地把某种精神看成了社会发展中最重要的因素，忽略了社会生产方式等物质经济条件对社会发展所起的作用。孔子认为，通过“仁”的调节，社会就能达到理想的境界。在此理想境界里，“老者安之，朋友信之，少者怀之”（《论语·公冶长》）；“四海之内，皆兄弟也”（《论语·颜渊》）。“仁”是“礼制”等政治社会制度和道德行为规范的基础，也是先王之道的核心理念。

4. 个人、社会与自然之间的和谐

中国文化中，关于“和谐”的价值观念，必然离不开与人、宇宙、世界关系的讨论。这也是中国文化的一大特色。

中国古代价值观大都强调天人合一，这种天人和谐的价值观，强调人们应该致力于建立人类与自然和谐相处的亲密关系；中国文化还强调“生生不息”，“生生不息”的内容中，必然蕴含对自然界及人类社会可持续发展追求的重要内容。

链接

清华大学国学院陈来教授撰文［《论中国文化的价值理念和世界意识》，载《船山学刊》，2013（3）］认为：人对世界的认识和人对世界的态度，两者是相互联系，相互贯通的；对世界的认识往往反映或影响对世界的态度，反过来，人对世界的态度来源于对世界的认识，或影响了他们对世界的认识。古典中国文明的哲学宇宙观是强调连续、动态、关联、关系、整体的观点，而不是重视静止、孤立、实体、主客二分的自我中心的哲学。从这种有机整体主义出发，宇宙的一切都是相互依存、相互联系的，每一事物都是在与他者的关系中显现自己的存在和价值，这样的宇宙观所联系的价值观是：人与自然、人与人、文化与文化应当建立共生和谐的关系。

应该说，天人合一的命题包含强调人与自然和谐相处的内涵，这种内涵对于化解当今全球生态危机具有重要的参考价值。儒家所强调的“和而不同”价值观，在我们今天构建世界和平、建设和谐的大同世界中，也有重要的启示作用。

由此，我们也能得出这样的结论，即儒家所特别关注的“仁”，侧重体现的是个体自身的和谐，这是人与人之间关系和谐、社会各阶层和谐、人与自然和谐的基础；其所关注的“礼”与“正名”，体现了对人与人之间、社会群体之间和谐相处的重视；其对责任意识的强调，则包含对宇宙整体和谐追求的这个责任在内。这些思想，在今天的社会中，还有积极的意义。

当然，上述几个方面的和谐是一个整体。我们可以看到，个体的和谐只有在社会的整体和谐中才有可能真正得到实现；社会各系统、各阶层之间的和谐必须以个人自身的和谐为基础，并通过这种和谐体现出来；人与社会和自然之间的和谐是人与人之间和谐的特殊表现；国家与国际社会之间的和谐又离不开人与人之间的和谐。

三、如何理解社会主义和谐社会

中外历史上都产生过不少有关社会和谐的思想。进入 21 世纪以来，中共十六大和十六届三中全会、四中全会从全面建设小康社会、开创中国特色社会主义事业新局面的全局出发，明确提出构建社会主义和谐社会的战略任务，并将其作为加强党的执政能力建设的重要内容。此后，和谐社会成为中国共产党执政的重要战略任务，和谐的理念也成为建设中国特色社会主义过程中的价值取向之一。

（一）社会主义和谐社会的含义

社会主义和谐社会是中国共产党 2004 年提出的一种社会发展战略目标，指的是一种和睦、融洽，各阶层齐心协力的社会状态。中共十六大报告第一次将“社会更加和谐”作为重要目标提出。2004 年 9 月 19 日，中国共产党第十六届中央委员会第四次全体会议正式提出了“构建社会主义和谐社会”的概念。

社会主义和谐社会，就是在中国特色社会主义道路上，中国共产党领导全体人民共同建设、共同享有的和谐社会；就是民主法治、公平正义、诚信友爱、充满活力、安定有序、人与自然和谐相处的社会。

社会主义和谐社会是人类孜孜以求的一种美好社会，是马克思主义政党不懈追求的一种社会理想。

链接一

2004 年 9 月 19 日，党的十六届四中全会第一次明确提出，共产党作为执政党，要“坚持最广泛最充分地调动一切积极因素，不断提高构建社会主义和谐社会的能力”。

2006 年 10 月的中共中央十六届六中全会审议通过的《中共中央关于构建社会主义和谐社会若干重大问题的决定》全面深刻地阐明了中国特色社会主义和谐社会的性质和定位、指导思想、目标任务、工作原则和重大部署。

2007 年 10 月党的十七大再次强调了构建社会主义和谐社会的重要性，并对改善民生为重点的社会建设作了全面部署。

——秦宣主编：《构建社会主义和谐社会专辑》，北京，中国人民大学出版社，2005

链接二

2005年2月19日，中共中央举办的“省部级主要领导干部提高构建社会主义和谐社会能力专题研讨班”在中央党校开班。时任中共中央总书记、国家主席、中央军委主席胡锦涛在开班式上作了重要讲话。他指出，构建社会主义和谐社会，是我们党从全面建设小康社会、开创中国特色社会主义事业新局面的全局出发提出的一项重大任务，适应了中国改革发展进入关键时期的客观要求，体现了广大人民群众的根本利益和共同愿望。要在推进社会主义物质文明、政治文明、精神文明发展的历史进程中，扎扎实实做好构建社会主义和谐社会的各项工作。

胡锦涛指出，实现社会和谐，建设美好社会，始终是人类孜孜以求的一个社会理想，也是包括中国共产党在内的马克思主义政党不懈追求的一个社会理想。根据马克思主义基本原理和中国社会主义建设的实践经验，根据新世纪新阶段中国经济社会发展的新要求和中国社会出现的新趋势、新特点，我们所要建设的社会主义和谐社会，应该是民主法治、公平正义、诚信友爱、充满活力、安定有序、人与自然和谐相处的社会。这是和谐社会的基本特征。

——秦宣主编：《构建社会主义和谐社会专辑》，北京，中国人民大学出版社，2005

（二）关于社会主义和谐社会主要内容的阐释

民主法治、公平正义、诚信友爱、充满活力、安定有序、人与自然和谐相处，是和谐社会的主要内容。

所谓民主法治，就是社会主义民主得到充分发扬，依法治国基本方略得到切实落实，各方面积极因素得到广泛调动。

链接

2003 年，中国的人均国内生产总值首次突破 1 000 美元，在这样一个发展阶段，可能出现两种结果：一种是进入“黄金发展时期”，经济社会协调发展；另一种是进入“矛盾凸显时期”，经济社会徘徊不前，甚至出现社会动荡和倒退。

同时，社会主义市场经济体制的建立必然触动原有的利益格局，社会不同利益主体随之出现，利益多元化的格局逐步形成。各自的利益必然带来权利意识，权利意识必然导致政治诉求，不同社会利益群体之间的矛盾也大量出现。

——秦宣主编：《构建社会主义和谐社会专辑》，北京，中国人民大学出版社，2005

由此可见，社会主义民主、法治建设在当代社会非常重要，其所承担的历史使命与重任不容忽视。民主法治建设是构建社会主义和谐社会必不可少的主要内容。

所谓公平正义，就是社会各方面的利益关系得到妥善协调，人民内部矛盾和其他社会矛盾得到正确处理，社会公平和正义得到切实维护和实现。

链接

当前，中国社会正处在体制转换、结构调整和社会变革过程中，这一时期也是各种政治和社会问题的易发、多发的时期，各种社会问题诸如就业、腐败、社会分配不公、治安等问题相当突出，成为当前人民群众所关注的热点问题。

链接

中国改革开放 30 多年来的经验以及世界各国正反两方面的经验和教训都表明，减少低收入群体，扩大中等收入群体，在鼓励人们通过合法合理的方式富裕起来的同时，利用财政、税收、保障、福利和救助等工具进行社会整合和社会调节，正确处理各种社会矛盾，这是加强社会团结和实现社会稳定的重要保证。

——秦宣主编：《构建社会主义和谐社会专辑》，北京，中国人民大学出版社，2005

通过对公平正义理念的倡导，积极建设公正、良好、有序、合理的社会生活方式，这对于构建社会主义和谐社会是相当重要的。

所谓诚信友爱，就是全社会互帮互助、诚实守信，全体人民平等友爱、融洽相处。

链接

中国有句古话：无规矩不成方圆。社会的规矩，就是人们社会行为的准则。社会行为规范的内容是很广泛的，有风俗、道德、法律、纪律等。公民道德建设的基本规范是爱国守法、明礼诚信、团结友善、勤俭自强、敬业奉献。社会公德的具体规范是文明礼貌、爱护公物、保护环境、遵纪守法、助人为乐。职业道德的具体规范是办事公道、诚实守信、爱岗敬业、服务群众、奉献社会。家庭美德的具体规范是男女平等、夫妻和睦、尊老爱幼、勤俭持家、邻里团结。

——秦宣主编：《构建社会主义和谐社会专辑》，北京，中国人民大学出版社，2005

所谓充满活力，就是能够使一切有利于社会进步的创造愿望得到尊重，创造活动得到支持，创造才能得到发挥，创造成果得到肯定。

链接

中国的改革与发展处于关键时期，改革在广度上已涉及经济、政治、文化等所有领域，在深度上已触及人们具体的经济利益，发展方面已由单纯追求 GDP 上升到追求人文 GDP、环保 GDP，实现人口、资源、环境统筹协调发展……为了避免可能出现的经济社会问题，巩固改革发展的成果，推动经济可持续发展，应积极维护社会稳定，促进社会和谐，重构社会结构，完善社会组织，调整社会关系，最大限度地激发社会各阶层、各群体、各组织的创造活力，化解各类矛盾和问题，构建社会主义和谐社会，全社会形成合力，努力实现中国经济与社会的协调发展。

——秦宣主编：《构建社会主义和谐社会专辑》，北京，中国人民大学出版社，2005

所谓安定有序，就是社会组织机制健全，社会管理完善，社会秩序良好，人民群众安居乐业，社会保持安定团结。

链接

近 20 年来，中国社会中不同阶层因在改革过程中所处的位置和所扮演的角色不同，出现了分化和组合。新的利益群体的出现，也必然会使各阶层在维护自身既得利益和预期利益的过程中产生各种矛盾。这些矛盾如何解决才能达到社会阶层结构的和谐，是个需要仔细思考的问题。有学者认为，依收入的高中低分布，中国社会阶层结构可能的趋势有三种：一是，制度、政策适当，阶级阶层的分布从富少穷多的“洋葱头形”变为富少穷少、中等收入很多的“橄榄形”；二是，制度、政策不太适当，继续保持“洋葱头形”；三是，假如制度、政策改革出现重大失误，从“洋葱头形”退化为富者极少、穷者极多的“蜡烛台形”。第一种趋势是比较和谐的，也是有利于稳定的。从学者的假设上，不难看出，直接影响社会阶层结构变化的还是制度的因素。如果制度不完善，便不能形成社会阶层结构的理想状态，也无法实现结构的和谐。

所谓社会结构合理，是说社会的各个组成部分，也就是子系统之间有一个比较匀称、比较均衡、比较稳定的关系。这些子系统通常指的是人口结构、阶级结构、民族结构、职业结构、地区结构、家庭结构。社会结构是社会的框架。社会结构合理是社会和谐的前提。

——秦宣主编：《构建社会主义和谐社会专辑》，北京，中国人民大学出版社，2005

所谓人与自然和谐相处，就是生产发展，生活富裕，生态良好。

链接

要逐步扭转中国人均资源短缺和生态环境恶化的状况，生产和生活都要节约使用资源，提高资源的使用效率，大力减少空气、水源、土壤等方面的污染，争取达到资源、能源消耗速率和生态环境退化速率的“零增长”。各种新的发展机遇和影响因素表明，中国很有可能打破10%的平均经济增长率难以超过20年的以往规律，进入新一轮的经济高速增长周期。在未来的15年内，只要我们能够保证社会秩序和政治体制的稳定与不断完善，不出现大的波折，中国就会取得令世界瞩目的新成就，为国际发展作出特殊的贡献。

——秦宣主编：《构建社会主义和谐社会专辑》，北京，中国人民大学出版社，2005

以上这些基本特征是相互联系、相互作用的，既包括社会关系的和谐，也包括人与自然关系的和谐，体现了民主与法治的统一、公平与效率的统一、活力与秩序的统一、科学与人文的统一、人与自然的统一。这六个方面的内容十分丰富，既是社会主义和谐社会的科学内涵和总体特征，也是构建和谐社会的总体要求。

第二章

中华民族传统文化对构建社会主义和谐社会的启示

中华民族在长期的社会历史实践中，形成了独具特色的民族文化、民族精神，这对我们当前的社会主义文化建设仍然具有参考价值。我们的民族文化特别重视和谐与教化，注重陶冶人的道德情操，净化人的心灵，激发人的崇高精神，培养人热爱生活、追求理想的积极向上态度；在追求和谐与教化的过程中，它提出过一整套价值观念体系，启发人们爱国诚信、正直善良、互助友爱，通过劝善戒恶，为人们的生产、生活实践提供价值准则，帮助人们形成合理的价值判断、做出正确的价值选择，这在我们当前构建社会主义核心价值体系的过程中，仍然具有重要意义。

一、民族文化与构建社会主义和谐社会的关系

（一）文化建设的重要性

经济发展，体制更新，要求文化建设与之同步发展。如何建设适应新时代之新文化，是每一个中国人，尤其是中国知识分子所应考虑的重要问题。

当前，我们的文化建设是否一定要与一段时间以来流行的所谓“解构主义”的道路保持一致，否认对价值和意义的哲学追问，否认本质主义和形而上学存在的必要？也就是说，是否一定要以解构为前提和基础？正如在经济发展的道路上我们能做出自己的特殊选择一样，我们在文化建设方面可不可以走出一条不同于后现代以“解构”为主要特征的新路子？

我们认为，这是可能的。因为单独的个人，也许可能像动物一样，浑浑噩噩地生活，饥来吃饭倦来眠，今朝有酒今朝醉，但人类作为一个整体而言，对于诸如安身立命、终极关怀、人生意义等问

题是必须要考虑的。这是关系到人类的价值取向和发展方向的问题。因为发展不单纯是经济的增长和科技的进步。一些有识之士早已提出，科技的进步是一柄双刃剑。科技发展必须为人服务，人的全面发展是衡量经济与科技进步的重要尺度。人的全面发展，离不开对人生意义和价值的探寻。在对人生意义和价值的探寻过程中，需要一定程度的“解构”，即所谓“不破不立”；为了寻求意义和价值而“解构”现存的一切价值和意义，或者说为“解构”而“解构”，在某个特定的社会形态和特定时期，也许有其存在的合理性。如工具理性的高度发达导致人日渐成为技术的奴隶，反理性主义的出现使人能够重拾自己作为人的尊严，但仅有非理性还不足以体现和维护人的真正的尊严，因为非理性本身并不能将人从动物群中分离出来，非理性也不能使人得到真正的身心自由和全面发展。后现代主义对现存价值和意义的破坏性“解构”，对于整个人类社会和所有的历史发展时期而言，并不具有普遍的意义。

中国是一个具有五千年灿烂文明的文化古国，有着历史悠久的文化传统。这个文化传统对于我们今天的人来讲，如果处理不好，就是一个迈向现代化过程中的沉重包袱；如果处理得好，也将极大地促进我国现代化的进程。是财富还是包袱，关键在于我们当代的中国人怎样对它进行创造性地转换。如果说存在对中国传统文化和文明进行创造性转换的这么一条新路子，那么接下来需要解决的一个问题就是：这个新路子是什么？我们的传统文化在这个创造性转换的过程中，应该怎样来扬弃自身亦即弘扬什么，汲取什么，消解什么？我们认为，中国传统文化的主流儒、道、释，通过彼此融通、互补、互摄，取其精华、弃其糟粕，将可以在当代社会的文化建设过程中发挥积极作用。

（二）价值观与社会主义和谐社会的构建

社会主义和谐社会的建设，离不开一整套价值理论体系的建设。

每个社会皆承担有“教化”的功能，其重要职责之一就是要塑造人，要宣传某种理想人格、理想社会，表达某种社会期望，进行社会教育。为此，社会就要提供一整套支配人类外在活动和内在思想的价值观念，将其推广于人群之中，帮助人们形成价值评判，提供价值尺度，使社会、人群形成一种规范的日常行为方式。在这个过程中，通过引导人们遵循良性的价值理念，不断培养人们高尚和健康的思想和情感。故价值为人伦、政教之本，无论是公民自身健康人格的养成，还是建设一个和谐的理想社会，皆离不开价值观念的指导。

在社会主义和谐社会构建的过程中，我们要确立起社会主体的价值取向，以之来调节、规范人们的行为，从而使人们的活动更加有效、更加符合客观世界及其规律；要对社会活动是否有价值进行评价，帮助人们树立起正确的价值观念。因此，社会主义核心价值体系的构建，肩负着对人们的行为、观念进行价值导向的重任，它要在社会生活各个领域肯定其进步的一面，使人们明确什么可以做、什么应当做，从而促进社会的全面进步和人的全面发展。

如果不了解理想社会的价值理念，我们就不可能在实践中真正找到一种科学社会主义社会存在与发展的模式，因此，构建一个科学、严谨、完整的社会主义核心价值体系，是当代中国所面临的一个重大问题。通过构建社会主义核心价值体系，我们就能在新的社会历史时期确立起正确的价值观念和价值导向，这对有效解决存在于人们思想当中的价值观冲突、价值危机等问题，对把我们国家建设成一个和谐、美好的社会主义国家，必将产生积极的影响。

关注社会主义核心价值观问题的研究，是当代中国社会实践和科学发展所提出的重大课题，而对民族文化中优秀民族精神之继承、弘扬，将会有力地推动社会主义核心价值体系的建设。历史上，中华民族传统文化衍化、整合所形成的价值观念体系对中国社会的政治、经济、文化、生活等诸多领域都产生了重要影响，奠定了中国人基本的思维方式、价值理想，成为人们修身、治国的指导思想。

可以说，不理解民族文化及其特性，就不能透彻理解中国传统社会，也不能理解中华民族的民族性与民族精神。

(三) 中华优秀传统文化对构建社会主义和谐社会的积极意义

民族传统文化不仅在中国古代社会有着广泛而深远的影响，在当代中国的理论与现实中仍然有着旺盛的生命力，其精髓仍然存在于现代中国人的心灵之中。从社会主义核心价值体系构建的要求出发，从民族文化、民族精神中总结出符合时代和社会需要的内容，这是我们当前需要重点研究的问题之一。也许有人要问：旧的、传统的民族文化怎么可以照搬到现代社会？对此，我们建议这样来理解：

第一，社会主义核心价值体系以民族文化、民族精神为支柱，并不意味着死守传统的一切而不与时俱进。

应该看到，不同时代、不同的价值主体所表现出来的价值观各不相同，以一定历史阶段的社会整体为主体，则其价值观具有时代性、社会性；以不同民族为主体，则其价值观又具有民族性。推而广之，个人、集体、阶级、国家等，其价值观亦如此。因此，我们强调继承自己优秀的传统文化，并不意味着照搬、照抄而不对之进行现代创新，对民族传统文化中的优秀价值精神做出理性反思和重塑，对我们现代社会文化精神的发展可以起到重要参考和借鉴作用。

第二，我们还要看到，我们当前社会主义国家所面临的一些问题，有些在性质上是和过去相一致的。

民族精神的凝聚、弘扬，爱国情操的培养，对社会、他人的关爱，对事业的追求等问题始终存在，民族传统文化对这些问题的思考，可以为我们当前解决这些问题提供有益的参考、借鉴。故文化虽然在时间上有新旧之异，但文化发展中亦存在某些共时性的话题，这也是不容我们忽略的。民族文化、道德、价值观中对社会主义社会有促进作用的方面，我们当然应该继承和发扬。

第三，人们的行为和思想并不是从虚无开始，过去特定时期的价值判断和价值理念总是作为现实一切活动的前提和预设条件而存在的，是我们当前行动和实践的出发点。

中国特色社会主义并不能割裂自己的历史，社会主义的所有创造无不是在既定的历史传统基础之上进行的。我们今天处于古与今、中与西哲学文化大冲突、大融合的时代，研究影响中国社会深远的民族文化、价值哲学问题，可以为构建符合现代中国社会的社会主义核心价值体系提供优秀传统文化的精神资源。

民族文化价值观思想体系中有很多值得我们现代人认真思考和总结的文化精华。为了实现教化，我们的民族文化探讨了关于德性之善的种种表现和实现方式，为个体修养和社会完善提供了基本的价值原则和尺度，使之成为调整人自身、人与社会、人与自然等各种关系的行为规范和准则，这部分内容在我们的民族文化中相当丰富，如知与行、涵养与省察、正心与修身、持敬与存诚、格物与致知等。综观我们的民族文化与民族精神中关于理想人格与理想社会养成的内容，其中存在着许多健康的、积极的、高尚的道德、价值追求，能够激励人们进行创造性的探索，为人们提供追求崇高理想的精神活力。通过从民族文化、民族精神中汲取精华，古为今用，我们社会主义核心价值体系的构建将可以获得不竭的精神资源。

二、积极弘扬中华优秀民族文化，为构建社会主义和谐社会服务

如何构建社会主义核心价值体系，使每个公民自觉确立起正确的文化价值理念，是时代赋予我们的使命。中华民族传统文化中蕴

含着许多优秀的价值理念，对构建社会主义核心价值体系具有重要的意义。

(一) 现实世界与价值世界的和谐一致

中华民族在长期的社会历史实践过程中，形成了独具特色的民族文化、民族精神，在我们当前构建社会主义和谐社会的过程中，仍然具有重要意义，可以为构建社会主义和谐社会提供有益的参考。

我们知道，哲学与文化是时代精神的精华。不同的时代有不同的哲学和文化，不同的民族也有不同的哲学和文化。但是人类还是有一些超越时空的、值得永远关注的哲学问题。

人们通常都要对现实世界价值的来源，价值世界与现实世界之间的关系问题进行探究。中国哲学与文化认为，天道与人事之间，也即价值世界与现实世界之间并不是割裂开来的，而是互融互摄，你中有我，我中有你，彼此之间保持着一种发展的张力。中国哲学与文化一般将人间秩序和道德的价值归源于天理、太极、道、自然等本体，以天道作为人道的基础，而天道与人道皆以和谐为理想的状态。

链接

《道德经》认为有一种根本的存在，它先天地生，混混沌沌，听之寂寞无声，看之虚廓无形；亘古亘今，不改其性，独立长存，循环往复，运行不息，为天地万物化生的根本。对于这样一个根本性的存在，《道德经》认为没有人知道它的名姓，姑且称之为道，或者泛称之为“大”。所谓：“有物混成，先天地生，寂兮寥兮，独立而不改，周行而不殆，可以为天地母，吾不知其名，强字之曰道，强为之名曰大。大曰逝，逝曰远，远曰反。故道大，天大，地大，人亦大。”(《道德经》第二十五章)

《道德经》认为，道是生生不息的。道化为一，宇宙发生。一分为二，阴阳始成。阴阳两气交融而生三，三则意味着万物化成。万物千差万别，但总内含阴阳的相互作用，阴阳相互作用，故事物变化无穷。“道生一，一生二，二生三，三生万物。万物负阴而抱阳，冲气以为和。”（《道德经》第四十二章）天下万事万物之所以生成，有其原因，这就是道；万物生成之后，各具自己的本性，这就是德。德是道的体现，是道的殊相。道是一种形而上的理体，它因万物而成形，因天下大势而成就自己的现实存在。万物都体现着道与德。道之所以为尊，德之所以为贵，不是因为道、德自身对万物有一种权威和命令，而是出于万物各自的天性，是自然而然的。道是万物发生的原因，蕴藏着万物生成、收藏的本性；万物生成、发育、成熟，包括其延续和终结，无不有道在其中发生作用。道生生不已，但没有私意去占有万物；道畜养万物，但不居功自傲。这是一种境界深远的道德，道就具备此种境界和道德。

道不仅是现实的、显现的存在，即“有”；它也是一种潜在，即“无”，这种潜在与现实相对应，都很玄妙，构成了道的属性。其中，任何一个方面的属性都不可能概括道的全体，故“道可道，非常道；名可名，非常名”（《道德经》第一章）。道亘古亘今。当道先天地而存在时，它是“无”，“无”虽然不是实体，却是实实在在的存在；实在可以是潜在，亦可以是现实，虽然是“无”，却可能生“有”，道由潜在演化为现实存在，即是“有”。

道通贯“有”“无”，是有与无的统一。道，当它作为现象存在，作为“有”时，是明明白白的；当它作为潜在，作为“无”时，则是窈窈冥冥的。道有“常无”的一方面，亦有“常有”的一方面。“常无”，是说道以一种潜在的方式而存在。当以这种方式存在时，它是玄妙莫测的。“常有”，是说道以一种现象的方式而存在。当以这种方式存在时，它是清晰明白的。无论是玄妙莫测，还是清晰明白，体现的都是道的玄之又玄的特点。道备包有无，包罗万象，乃众妙之门。所谓："无名天地之始，有名万物之母。故常无，欲以观其妙；常有，欲以观其徼。此两者同出而异名，同谓之玄。玄之又玄，众妙之门。"（《道德经》第一章）

道先天地而生，但道又是一个展开的过程，这个过程既是道由潜在向现实的过渡，也是由现实向道自身的回归；由道可能发展出非道，非道亦可以返于道，这是一种循环。人是道的产物，秉承道性，故道大、人亦大。人的历史发展可以反映、体现道的存在。从自然界到人类社会，都处于不断的运动、变化和发展中，这其中存在着道的作用。正因为道亘古亘今，所以，我们通过执掌远古以来的道，就可以驾驭当今的万有。通过洞察万物大化伊始之情，就能把握大道造化生成万物的规律。"执古之道，以御今之有。能知古始，是谓道纪。"（《道德经》第十四章）

——章伟文：《老子道文化精神的现代价值》，载《弘道》，2010（4）

中国哲学与文化中所讲的天道，就其内涵而言，实际上反映、折射的是活生生的现实生活。因其能反映现实生活，所以能指导现实生活。故在现实的此岸与超越的彼岸这两个世界之间并不存在不可逾越的鸿沟。现实在天道本体的价值性理想的引导下，能不断规正自己的发展方向；天道本体的价值也在规正现实的过程中显现出来。同时，本体的天道因其能不断反映现实生活，故其内涵也就生生不息，从而能不断得到丰富和发展。正因为如此，所以价值世界与现实世界之间的不断互动，在使现实的文化不断得到规范的过程中，也能使价值世界本身的文化理念不断得到升华和发展。

（二）天人合一与内在超越

与将本体实质化、形式化的外在超越之路不同，中国哲学与文化对本体存在所作的独特思考走的是天人合一的内在超越之路。这对于人与自然的和谐、人与社会的和谐等的构建具有重要的启发意义。

链接

《道德经》所谓："夫物芸芸，各复归其根。归根曰静，静曰复命。复命曰常，知常曰明。不知常，妄作凶。知常容，容乃公，公乃王，王乃天，天乃道，道乃久，没身不殆。"（《道德经》第十六章）

道与德相守，道与器合一，体与用合一，个体的人能通向宇宙，与天地万物成为一体，与道相合，所谓"修之身，其德乃真；修之家，其德乃余；修之乡，其德乃长；修之邦，其德乃丰，修之天下，其德乃普。"（《道德经》第五十四章）

道通贯于个人及家、国、天下之间。道遍及万物，这就体现了善于建立而不可能被拔起的道理；道容纳万物，这就体现了善于抱持无从脱离的道理。如果人遵循道这种建德抱一的真理，就可以传家久远，子孙祭祀不绝。通过以道德来修身，这样道德才能落到实处；以道德来齐家，其家必有余庆；以道德来润泽乡邻，道德才能得到发展；以道德来治理国家，道德才可以丰大而盛；以道德来引导天下民众，道德就可以普及于众生。所以，通过个体的方式来体验道德的存在，可以推己及人；通过家庭的方式来体验道德的存在，可以映鉴其他家庭的情况；通过乡里乡邻的方式来体验道德的存在，可以映鉴其他乡邻的情况；通过一国实践道德的情况，可以映鉴其他国家的情况。人人皆认同的道德标准，可以衡量天下之人心。人心中具有一种价值自觉的能力，每一个人都可以通过修己之德，而与天道的本体合一。

在人的心性修养方面，老子道文化精神认为心性本清净，而后天的、非自然的主观作为破坏了这种清净。个体的心性修养只要法道性的自然无为，虚灵玄静，清净寡欲，就能返回先天的道的状态。所谓“常无欲，以观其妙”（《道德经》第一章）；“处无为之事，行不言之教”（《道德经》第二章）；“虚其心，实其腹，弱其志，强其骨”（《道德经》第三章）；“载营魄抱一”、“专气致柔”、“涤除玄览”（《道德经》第十章）；“致虚极，守静笃，万物并作，吾以观其复”（《道德经》第十六章）；“抱一为天下式”（《道德经》第二十二章）；“知其雄，守其雌”、“知其白、守其黑”、“知其荣，守其辱”（《道德经》第二十八章）；“治人事天莫若啬”（《道德经》第五十九章）；等等。这些论述皆强调了清净、法自然是人修心性以合于道的重要途径。

——章伟文：《老子道文化精神的现代价值》，载《弘道》，2010（4）

中国哲学与文化精神一般把人当作目的而非手段，它强调凸显每一个个人的道德精神和价值。每一个个体的人中，都秉承有普遍的道性，每个个体的人都是一个小宇宙，是整个大宇宙的一个缩影和折射，是自足自为的。每个个体的人都可以通过修己之德，达到与大道的和谐相通。老子道文化精神这种天人同构的思想，是中国哲学走天人合一、内在超越之路重要特点的一个表现。今天，内在超越对于个体积极主动地实现自身价值还是有其重要意义的。

（三）人与自然的和谐一体

中国文化在人与自然的关系问题上，强调人与自然的和谐一体。个体皆秉承本体的本性，都是本体的显现，个体与个体之间因此能够构成为一个和谐的整体。

链接

《周易·乾·彖》谓：“乾道变化，各正性命；保合太和，乃利贞。”

佛教在此问题上也有一比喻，叫“月映万川”。禅僧玄觉《永嘉证道歌》中有：“一月普现一切水，一切水月一月摄”的句子，论证了普遍的“佛性”与特定物中“佛性”的关系，它们不是两种“佛性”，而是“一多相容”“一即一切，一切即一”的关系，每一个体虽然各有不同，但均有共同之佛性，这就为每一个体走向成佛提供了根据。

朱熹在论证理与事的关系时说：“本只是一太极（即理之大全），而万物各有禀受，又自各全具一太极尔。如月在天，只一而已，及散在江湖，则随处可见。”“只如月映万川相似。”（《朱子语类》卷九十四）认为每一事物的理并不是分有本体理的一部分，而是禀受了本体理的全体。程朱理学的一个重要命题是“理一分殊”。

《道德经》所谓：“道生之，德畜之，物形之，势成之。是以万物莫不尊道而贵德。道之尊，德之贵，夫莫之命而常自然。”（《道德经》第五十一章）修道所取法的对象包括天地日月运转的规律，阴阳时节的变换等，所谓“人法地，地法天，天法道，道法自然。”（《道德经》第二十五章）。“尊道贵德”说、“道法自然”说，直至“反者道之动”“弱者道之用”等对天地运转规律进行理论说明的各种理论等，都是人们对天道自然规律进行探讨所总结出来的理论成果。

——章伟文：《老子道文化精神的现代价值》，载《弘道》，2010（4）

宇宙万物包括人类在内，皆内禀有本体之道或本体之性。万物包括人都是对此本体之道或本体之性的充分展开，故而万物和人只有遵循这些规律、法则，才可能与天道合一，取得成功。这里反映出来的是万物和人对天道应持尊重的态度，也包括对自然规律的尊重。人与道相合并不能主观地破坏自然的规律，而是要循自然规律而行，才能达到与天地合一，修成大道。近代以来，人们强调以科技来征服和宰制自然，但科技不但征服了世界，而且也宰制了人类。我们在追求经济高速发展的同时，更要强调保持一种和谐、科学、可持续的发展，要保护好我们的生态环境，节约资源，倡导人类与自然和谐相处。故而中国哲学与文化精神对于人与自然关系所作的独特思考，在现代仍然有着重要的启示意义。

(四) 儒道互补与文化的和谐、相融

通常认为，以老子为代表的道家思想在地域上属于楚文化，其与代表中原文化的儒家思想有着不同的文化特征：儒家思想重视对社会礼乐文明制度的建构，具有重制度文明的特点；道家精神重天道的自然、无为，认为人类社会的文明建构应该与天道相合，反对文明制度对人性的异化。老子虽然对仁、义、礼等伦理规范的形式有一些批评，如其谓“大道废，有仁义；智慧出，有大伪；六亲不和，有孝慈；国家昏乱，有忠臣”(《道德经》第十八章)，但在他看来，社会中的人文和文明的存在方式，实皆据道之自然的条理而设[①]，所以道家并不否认忠信、孝慈、素朴、笃厚、慈俭等价值理念的德性内容，所谓“绝圣弃智，民利百倍；绝仁弃义，民复孝慈”(《道德经》第十九章)。老子明确要求在人伦或文明中保持孝慈、忠信、慈俭等德性之本真内容，他只是主张消解各种人为设定如仁、礼等的形式化之蔽，防止内在于人与万物的“德”堕落为异化的形式，这种异化会导致人的沦落、蜕变，故其强调要“尊道贵德”。从这个角度来理解，则儒、道两家思想恰恰是互补的，由其之互补，故能得社会和谐之实效。

一个社会在创立了名分和制度之后，在使用过程中要掌握好限度，这就是和谐。不能为了名分、制度而制定名分、制度，要适可

① 参见李景林、郑万耕主编：《中国哲学概论》，36页，北京，北京师范大学出版社，2010。

而止，力求简政。道家认为，天下大乱，就是因为人们的私欲膨胀导致了争夺，由争夺而有战乱，因战乱而天下杀戮不断，灾殃连连。要解决这个问题，老子提出来一种理想人格，这种理想人格具有善利万物、处下不争、因势利导、随时而行、仁爱万物、诚实守信等品性，就好比是水。人所追求的目标在于与道相合，与天地大化同在，生生不息，不分彼此。

链接

道文化精神认为理想的人就是自然的人，就是与天道相通、相合的人。道家认为有一种上善的境界，这种境界和一般的善有所不同。如果要勉强对之加以解说的话，这种上善的性质就好比是水。“上善若水。水善利万物而不争，处众人之所恶，故几于道。居善地，心善渊，与善仁，言善信，政善治，事善能，动善时。夫唯不争，故无尤。”（《道德经》第八章）水对于万物都是必不可少的，它哺育万物、利于万物，又从不居功自傲，不与万物争利，只是安然处于卑下低洼之处，这种卑下低洼的地方一般人是不甘愿居处的。水的这种性质可以用来形容这种上善的境界，这种上善的境界是与道相接近的。卢国龙先生所著《诗译道德经》，对此上善境界有一注译，他认为道家“上善若水”的理想人格指的是：在社会上不争名夺利，而应像水一样能就下，随缘适应；其心境就好比水处深渊，波澜不惊、沉静平稳；帮助他人、帮助社会应该像水润万物一样尽心尽仁；言谈应该像水性长流一样，使人可以确信无疑；治理国家、天下应该像水无常形一样，因势利导；处事应该像水利万物一样，无所不能；行动应该像水流无碍一样，随时而发。因其不争，所以不会招致怨尤。

——章伟文：《老子道文化精神的现代价值》，载《弘道》，2010（4）

道家还强调社会政治生活要法自然而行，这就是政治的最理想状态。具有上德的统治者在进行统治时，并不刻意去造作经营，而是顺乎人之性和物之理，无为而治。所谓“取天下常以无事，及其有事，不足以取天下”（《道德经》第四十八章）；“是以圣人处无为之事，行不言之教”（《道德经》第二章）；“不言之教，无为之益，天下希及之”（《道德经》第四十三章）；“爱国治民，能无为乎”（《道德经》第十章）。道家之“无为而治”，不是指无所作为，什么都不做，而是指要顺事物内在发展规律而行，顺事物之性情而动，这样才能“无为而无不为”。“无为”指的是不主观妄为。人如果不主观妄为，顺事物发展之规律而行，则能够做到“无不为”，即什么都可以做成功。道无主观之私意，不过是随顺人性、物情而施为，故能无所不为。统治者如果不以自己的私智来治理天下，而是顺天下万物之情来治理，则天下万物各得其治，这就是无为而治。故治理天下国家，应该本之于天道自然之规律，不能仅凭统治者自己的主观意志。应该说，道家并不反对一切文明制度，而是反对文明制度对人性的异化。文明制度是圣人根据人性、物情而制定的，其本性是自然而然的。如果这种文明制度过于膨胀，就会失却其自然本性，以这种不合于道的、不自然的文明制度来统治人民，人民就觉得它与自己的本性、与事物的情性格格不入，就会造成对人自然本性的压抑，会导致人的自然本性的异化。所以，道家认为根据人性、物情去确立文明制度是必要的，但文明制度不能过分，不能越出其适用的范围，不能违反人性、物情主观地去对文明制度予以加强，这样不仅不能达到治理天下的目的，甚至会适得其反。所谓“始制有名，名亦既有，夫将知止，知止不殆”（《道德经》第三十二章）；“朴散则为器，圣人用之，则为官长，故大制不割”（《道德经》第二十八章）。大道化而为器物，万事万物因与道相通而井然有序，圣人依此秩序而制定百官制度，这种制度、秩序博大精深，不需要主观人为地去对它进行裁制，任运其自然，就能达到无为而治的境界。

历史上，儒道互补为我们展示了文化交融、互摄，从而和谐、共生，共同发展、进步的总体情景。在这个过程中，不同文化间虽然也有碰撞、交锋，但总体上是互融、互摄，共同对中华传统文化的发展起到了一定的推动作用。

同时，我们也要看到，儒家文化为中华民族文化的主干之一，其所倡导的主要文化精神，对于我们今天构建社会主义和谐社会来说，具有重要的参考价值。我们可以从以下一些要点中仔细体味：

1. 义利观

义利观是我们民族文化，也是儒家文化所关注的重点问题。一般说来，在我们的民族文化中，“义”指适宜，“利”指利益。义利观之探讨，涉及价值的本源、价值的评判标准、价值的社会作用等问题。

以孔子、孟子为代表的儒家主张重义轻利。孔子认为“君子喻于义，小人喻于利”（《论语·里仁》），但不否认“利”，提出“见利思义”（《论语·宪问》）、“因民之所利而利之”（《论语·尧曰》）。孟子反对私利，他见梁惠王，说“王何必曰利，亦有仁义而已矣”（《孟子·梁惠王上》）。西汉董仲舒提出：“正其谊（义）不谋其利，明其道不计其功”（《汉书·董仲舒传》）。宋儒将利看成是人欲之私，程颢说：“大凡出义则入利，出利则入义。天下之事，惟义利而已”（《河南程氏遗书》），后来朱熹又提出“存天理，灭人欲”的观点，理欲论一方面将道德伦理本体化，提出天理，使之成为最高的宇宙本体；另一方面，与天理本体直接相对，又提出了无欲的伦理标准。南宋功利学派反对理学重义轻利的观点，认为“既无功利，则道义乃无用之虚语耳”（《习学记言》卷二十三）。

民族文化关于义利问题的讨论，对于我们今天倡导社会主义的义利观具有启示作用，对于构建社会主义和谐社会也具有积极的意义。

2. 公私观

在公私之别上，我们认为，二者既有国与家之分、人与我之分、物与我之分，还有公与私之分。一般说来，个人如果离开社会，包括家庭、邻里、社团、国家，就很难成为一个具有社会性的人；同样，任何一种排他性地只追求个人利益的行为，必将损害每个人赖以生存的社会环境。因此，在公与私的关系问题上，社会主义核心价值观既承认个人的利益，也承认他人、社会的利益，认为个人利益的实现，不可能离开他所处的社会，要把个人利益与公共利益相协调，把个人发展与社会发展相统一。

国家发展、社会进步将会为保障个人利益的实现创造更多、更好的条件；个人在为国家作贡献、对其他社会成员承担必要义务的同时，也实现着自己的价值。一般说来，公共利益的实现，绝不像有些人所主张的那样，是在个人充分实现其私人价值后自然实现的；大多数的情况反而是：公共利益和群体的价值实现之后，个人价值方得以真正实现。在公私关系上，中国传统哲学中的思想资源相当丰富，如“天下为公”“廓然大公”“大公无私”“以公克私”“循理而公”等。一般说来，中国哲学在价值评价问题上，崇尚以“天下之公利”为标准，主张以社会群体价值为主要尺度，所谓“先天下之忧而忧，后天下之乐而乐”，主张严守公私之辨，认为公胜于私、道德价值高于物质利益。这些观点对于我们建构社会主义的公私观具有参考价值。

3. 荣辱观

我们要自觉树立起社会主义荣辱观，坚持以热爱祖国为荣、以危害祖国为耻，以服务人民为荣、以背离人民为耻，以崇尚科学为荣、以愚昧无知为耻，以辛勤劳动为荣、以好逸恶劳为耻，以团结互助为荣、以损人利己为耻，以诚实守信为荣、以见利忘义为耻，以遵纪守法为荣、以违法乱纪为耻，以艰苦奋斗为荣、以骄奢淫逸为耻。

在民族文化中，关于荣辱问题的探讨颇多，如“礼义廉耻”“见利思义”“见贤思齐”“杀身成仁”“舍生取义”“慎独居敬”“明善诚身”“忠孝仁爱”“信义和平”“温良恭俭让”等，我们弘扬中华民族的优秀文化和优秀民族精神，对于倡导社会主义荣辱观将会起到重要的促进作用。

4. 天人观

中国哲学家将“天”作为宇宙本体，并赋予其伦理含义；同时又将“人”抽象为一个总体性范畴，概括为一种普遍性的精神存在。在此基础之上，他们从世界本原上说明了天与人的相合，并论证了天人合一的结合点在于太极、理、心、性、诚等，为天人合一提供了理论上的依据。

中国哲学家分别赋予天以诚、心和性的含义，突出人在宇宙中的本体性价值，凸显了人在宇宙中的中心地位，凸显了社会发展中人的目标，体现了以人为本的价值。由此，中国哲学家一般认为，价值可以相对独立于事实世界而存在，认为在事实世界之上尚有一个价值世界。关于价值世界与事实世界的关系，价值世界是事实世界的基础和归宿，虽然两个世界有时对立，但究其根本则应该一致。价值世界相较于事实世界而言更为根本，事实可能合于价值，也可能与价值相违，在中国的哲学家看来，与价值相违的事实是应该被摒弃的。

追求价值是人类实践活动的重要内驱力，但中国传统民族文化及其哲学并没有把价值仅仅归结为主体的欲望、需求，而将之看成客体本身所固有的属性。一般说来，中国哲学家认为，价值问题不能仅限于社会价值和人自身价值这个层面，而要上升至天地、宇宙价值的高度，用中国哲学的专业术语来说，就是“人道”要上升至“天道”的高度。

中国哲学家所关注的成己、成人、成物的理想追求，一开始便有德性本体这一价值理念的预设。没有此价值理念的预设，人和万物的存在、活动便失却其意义。此预设之价值理念，便是人类社会、自然宇宙所应达到的目标。因此，价值不仅存在于主体中，亦存在于客体中，还存在于主客体的相互作用的关系中。

在中国哲学家看来，价值并不仅仅是某种属于人的关系范畴，更是属于实体的范畴；德性即是本体，德性本身即是终极价值之源。当然，中国哲学天人合一的思想，也包含着自然与人和谐、协调的积极意义。

中国哲学探讨天道性命之理，旨在为社会文明秩序寻找合理性的依据。在此过程中，就有深厚的价值探求和追问。中国哲学从本质上说是价值哲学。因为它的哲学体系的主要基础是价值判断，认为终极实在是一个至善的存在。整个世界，包括人类社会在内，皆是此至善理念统摄下的世界，其发展趋势即回归于这一至善世界。应该说，中国哲学中的主流观点，皆认为德性就是至善的本体，也即价值本体。如程朱理学关于“天理”的探讨，象山心学关于“本心”的讨论，都希望从中发掘价值的起源和本质，他们的观点虽有所不同，但都把德性理解为一种本体存在，它可以表现在人，也可以表现在物，故从“亲亲”到“仁民”再到“爱物”，皆体现至善的德性本体，而“仁者”与“天地万物为一体”，也是从这个意义上来讲的。

5. 善恶观

社会实践是人的有意识、有目的的活动，在此活动中，人类力图建构一个“意义”的世界，并以此作为衡量人类全部活动合理性的标尺，故“意义”与价值问题是哲学思考的重要问题。中国传统民族文化中关于理想人格、理想社会等的观点，就是为了以一种文化价值理想来规范、引导现实社会，以维护社会的和谐与发展。

民族文化在关注人性修养的同时，亦有对理想社会追求的重要内容。中国哲学重视对人的教化、要构建一个具有价值的德性世界，提供一种人文教化的氛围和环境，形成一种社会的褒赏和惩戒机制，从而规范、指导乃至制约人们的思想和行为方式，其中就有某种价值标准的行为模式、道德模式的存在。

中国哲学中，关于人性修养、道德修养的内容十分丰富。修养指以一定的价值评判为基础，主体自觉修养符合价值理念要求的“心”与“行”，“心”是指精神和思想、情感、道德意识等，“行”则是指人在社会生活、生产中的活动方式，以达成完善人格的过程。中国哲学家认为天地宇宙间，存在着一种至善的本体，此本体或谓天理，或谓仁、诚、本心，人因情欲之蒙蔽，不能在现实中呈现他们所具有的天理、本心，因而现实的人和社会皆有不完善之处，价值与事实间存在着差异，他们主张通过人的修养功夫，如“先立乎其大”，或“格物致知”“即物穷理”，来实现人天赋的价值。

因此，在他们的理论中，价值如何得到实现就是一个重要的问题。中国的哲学家大都认为，价值的实现离不开教化；在教化中，教化者通过有目的、有意识地向受教者施加系统的道德影响，不断深化他们的道德认识，培养他们的道德情感，坚定他们的道德信念，使受教者自觉地进行道德修养，践行某种道德义务，履行自己对他人或社会所应负的责任。为了实现“教化”，中国哲学探讨了关于德性之善的种种表现和实现方式，为个体修养和社会完善提供了基本的价值原则和尺度，使之成为调整人自身、人与社会、人与自然等各种关系的行为规范的总和，这部分内容在中国哲学中相当丰富，可以为我们构建社会主义和谐社会提供大量的精神资源。

6. 群己观

人的社会生活是一种群体性生活，群体性生活应当有一定的规范。群己关系关注的是社会与个人的关系。社会由个人构成，个人的成长离不开社会，因此，个人与社会在某种程度上是不可分离的。但是，社会毕竟是由单个的人所组成的，个人虽然是社会的人，但也是有个性的“自我”，当他在涉及纯属个人私密、不涉及他人和社会的问题领域时，他的自主权应该得到保证。

因此，要实现社会进步，要充分发挥个性、尊重个性，而不能压抑个性。但是，当个人的行动可能危害他人和社会时，群与己的关系就要认真对待了；在群己关系中，一是主张个人至上，社会服从个人；二是社会至上，个人服从社会；三是社会与个人组合成一个有机体，社会需要个人的效用和从属，社会亦要为服务于个人而存在。在民族文化中，这三种观点都曾经对人们产生过影响，有些内容可以被我们吸收借鉴，在当代社会中继续发挥作用。

7. 生死观

在人们面对变化无常的生活不知所措之时，要减轻痛苦、稳定情绪、慰藉心灵、消除空虚，强化应对死亡、疾病、饥荒、失败等问题的能力。在社会危机、人生悲剧和精神焦虑之时，抚慰人们的心理，给予安全感和生命意义，引导人们正直善良、洁身自好、互相友爱、仁慈宽容、爱惜生命，皆属于对价值问题所作的探讨。

这部分内容在中国传统民族文化中有很多表现，如《论语・卫灵公》中“志士仁人，无求生以害仁，有杀身以成仁”的论述强调以生命的代价来践履仁；孟子提出“生亦我所欲也，义亦我所欲也；二者不可得兼，舍生而取义者也”（《孟子・告子上》）。这对于鼓舞志士仁人为弘扬民族气节和坚持民族操守而奋斗，自觉履行道德行为、舍弃生命以维护道义，有着重要的意义。即使是在今天，我们认为其仍然具有重要的意义和价值。

中华民族在长期的社会实践过程中，形成了独具特色的民族文化、民族精神，其所倡导的积极入世、经世济民的爱国精神，关于理想人格、理想社会之建构的理念等，在我们当前构建社会主义和谐社会的过程中，仍然具有重要意义。如我们所熟知的良知、仁、诚等价值之本的思想；“急乎天下国家之用”“开物成务”“通天下之志”“成天下之务”“自强不息”“经世济民”的社会责任感；善与恶、公与私、义与利、群与己、荣与辱的价值评判思想；“厚德载物”“乐天知命”“与天地合其德”的道德价值的超越境界；等等。这些方面构成了我们民族文化和民族精神的主要内容。

中华民族文化衍化、整合所形成的这些价值观念体系，长期以来，对中国社会政治、经济、文化、生活等诸多领域都产生了积极影响，它所铸造的文化精神方向，既对此前的中国传统价值精神做出了理性反思和重塑，也对我们现代社会的文化精神之发展起着重要借鉴作用，我们可以通过继承、发扬中华民族文化和民族精神的理论精华，为当前确立社会主义核心价值体系的文化战略服务，这对构建社会主义和谐社会具有积极意义。因此，可以这样说，中华民族文化不仅在中国古代有着广泛而深远的影响，并且在当代中国的理论与现实中仍然有着旺盛的生命力，它的精髓仍然存在于现代中国人的心灵之中，总结其理论思维的成就仍然具有重要的学术价值与现实意义。

通过上述考察，我们可以得出结论，中国哲学与文化博大精深，它对于我们现代社会的精神文明建设，有许多可资借鉴的内容。我们研究民族文化、弘扬民族精神，固然是为了总结中华民族的精神遗产，但更为根本的目的还是在于古为今用，实现中华民族传统文化在当代的创造性转化。我们希望，通过对民族文化、民族精神的弘扬，可以为构建社会主义和谐社会发挥借鉴作用，也为人类面向未来、寻求自身存在意义和价值的探索作出贡献。我们通过弘扬中华民族优秀传统文化精神，将之与现代社会的现实需求相结合，与现代文化融会贯通，将可以为我们当代社会的文化建设提供有益的理论资源。

第三章

“和谐”是基于中国文化传统的价值理念

一、“和谐”作为社会发展的价值目标

什么样的社会才是理想社会？人们应怎样避免因自己的愚蠢而摧毁人类文化与文明的成果？中国历代思想家对这些问题做过深入思考。

在中国哲学、伦理与政治理想中，有许多内容展示了中国思想家对理想社会的价值追求，其中，“和谐”就是他们的一个共同理想。虽然现实的情形往往与他们的价值理想背道而驰，但他们对人、社会等存在世界的“和谐”愿景，对理想国家如何实现“和谐”的价值思考，却对中国传统文化的特质产生了深远影响。通过梳理中国传统文化与思想发展的历史，我们可以清楚地发现这一点。

（一）先秦诸子关于社会“和谐”的价值追求

1. 礼治与王政：先秦儒家的“和谐”价值观

（1）“礼治”。

孔子特别强调礼治与德政的社会，并周游列国，不遗余力地宣传、阐明自己的政治价值主张。“礼”首先是治国之纲，属于根本的政治制度。《汉书·艺文志》著录《周官经》六篇，《周官经》相传为周公所作，其篇目有“天官冢宰”“地官司徒”“春官宗伯”“夏官司马”“秋官司寇”“冬官司空”，主要内容是关于周王室的官制说明。《周礼》对国家各个不同职能部门的职责有明确规定，从这个意义上讲，礼首先属于政治上层建筑，其核心是国家的根本政治制度，故又称为“礼治”。

“礼”同时又是礼仪上的规定，包括祭祀、出征、朝聘、婚丧嫁娶、待人接物等仪则。儒有《仪礼》之经，亦称《礼经》或《士仪》，它因人之情、缘义之理而为之节文，体现的是人伦，如父子、夫妇等各处其宜之理，故礼又是社会生活的规范和道德行为的准则。

“礼治”“礼仪”背后所体现的根本哲理则为“礼义”，“礼义”探讨“礼治”“礼仪”得以成立的根本道理。《礼记》作为儒家的重要经典之一，相传为孔子后学所记，对礼之义探讨颇详。因礼有政治上层建筑层面的礼治，有社会生活层面的礼仪，还有更为根本的作为礼治、礼仪理论基础的礼义，故礼可以“经国家、定社稷，序人民、利后嗣”（《左传·隐公十一年》），为“王之大经”（《左传·昭公十五年》）。

礼的功能即追求社会的“和谐”，因为“礼”不仅可以确立国家不同阶层、不同职能部门的职责，还能够用来导人之情，故孔子致力于维护“礼”。在孔子看来，礼体现的是政治和社会生活的普遍秩序，是根据自然法则和人情制定出来的；礼的作用是为了促进社会和谐，不管大事、小事，都要以礼来节制。

链接

孔子继承周礼的思想，主张“为国以礼”，如《论语·泰伯》有“兴于诗，立于礼，成于乐”之说。实行“礼治”要通过“正名”，孔子所谓“正名”，不是指纠正一般事物的名，而是指政治和人伦生活中的名分、职事、仪则这种关系到根本政治制度和生活规范等具体政治内容的大事。例如，天子有天子的职责，如果天子不能恪尽职守，就是渎职，其行即不合于礼；其他如诸侯、卿、大夫、士、民等皆各有其职分，“正名”主要是明确国家不同职能部门、社会不同阶层各自的职分、仪则，并监督其在现实中得到落实。

“礼治”的基础是“仁”，通过克己复礼、推己及人，就可以践行“仁”。孔子希望通过“仁”与“礼”的调节，使社会达到一个理想的境界，在此理想境界里，“老者安之，朋友信之，少者怀之”（《论语·公冶长》）；“四海之内，皆兄弟也”（《论语·颜渊》）。

“仁”与“礼”等政治社会制度和道德行为规范，在孔子看来，体现了先王之道的核心价值理念，是天下、国家发展所应追求的价值目标。《礼记·礼运》提出了儒家礼治中理想的“大同社会”，在“大同”世界里，“天下为公”，社会制度、人际道德关系等达到最完善、完美的境界，人人皆有所养、皆有所归。这与孔子礼治政治价值理想一脉相承。

（2）“王政”。

荀子生于战国晚期，对当时的政治、社会环境非常不满，断言战国末期的世界是一个“浊世”，诸侯兼并，亡国乱君一个接着一个；孔子的“大道”不明于世，巫祝、机祥流行，乱俗之风炽盛。荀子有志于阐明孔子的“大道”，力图改变当时污浊的政治、社会环境。他的政治和社会理想是确立“王政”，希望在现实中能确立一套行之有效的政治和社会制度。

荀子认为，后世的“圣王”通过“法后王”“化性起伪”“明分使群”，可以拯救乱世，成就“王政”。“王政”是王道而不是霸道，霸道的特点是统治者蹈一己之利，是通过争与夺取得的，他们不隆礼重贤，只以力服人，能胜人之口而不能服人之心。虽然他们有时也谈仁义与礼让，但那不过是他们掩饰争夺私利欲望的遮羞布罢了。“王者之法”则与之不同，在“王政”下，圣王裁制万物，使之能符合百姓生养的要求；薄赋税，不违背农时，不滥用民力，使财物得到合理分配、流通；四海虽大，却有如一家，人人都努力为国家、社会劳作，贡献自己的聪明才智。圣王虽然能力很强，但这种能力不是用来压迫人民，而是用来救护弱者，引导不善之人使之向善的；圣王以仁德来感化暴虐之国，其征伐、诛讨的只是不道之人。

“王政”思想是荀子的政治理想，荀子认为，治理国家不能偏离于道，礼、法是治国之本，废弃礼、法，则这个社会就暗昧不明，就是乱世。荀子的社会理想在于“法后王”，要“隆礼尊贤”“重法爱民”，实行“王政”，从而实现社会的和谐。

2. 尊道贵德、无为自然：先秦道家的“和谐”价值观

（1）小国寡民。

先秦道家的老子对理想社会进行了多角度的描绘。《道德经》提出：“小国寡民，使有什伯之器而不用，使民重死而不远徙。虽有舟舆，无所乘之。虽有甲兵，无所陈之。使民复结绳而用之。甘其食，美其服，安其居，乐其俗，邻国相望，鸡犬之声相闻，民至老死不相往来。”（《道德经》第八十章）

老子认为，理想的国家就是“小国寡民”。所谓“小国”，不是说理想的国家就是规模小的国家，此处之“小”作动词用，指“小”其国事。如何才能“小”其国事呢？老子认为，“小”其国事不是说没有或减少国事，国家通过法自然之道，减少或取消频繁干扰百姓正常生产、生活的妄动，这种妄动越少，则国家的“有为”之政就越少，这就是“小”其国事，能做到这样，就是“小国”。同样，所谓“寡民”，不是指国家的百姓稀少，而是百姓寡欲之谓。寡欲则百姓朴实无华，故虽然有复杂的器具，但百姓无利欲难填之心、精神和乐，在器用方面也因此就没有特别的企求。因为天下太平，国家治理得很好，所以百姓热爱生命、热爱生活，不用逃亡到远方去谋生，舟船车辆、盔甲枪械等皆用不上，文字也用不上，人们好像回到了结绳而用的古代淳朴社会。因为吃得好、穿得好、住得好、享有好的社会环境和风俗，故邻近国家的人们彼此虽然能听到各自鸡犬的叫声，但百姓从生至于老、死，也不用过分倚重频繁的贸易、交往来生活，更不会发生相互欺凌、侵伐的现象。

在理想的社会中也有君主。理想社会的君主顺万民之性、万物之情来治理，因此，百姓没有觉得君主做了什么，而治世的事业在自然而然中就成就了。君主功成身退，百姓皆认为这是理所当然的。理想社会中，君主不与民争利，不压迫和剥削民众，其胸怀犹如江海：江海之所以能为百川之汇，原因就在于江海甘于处下，所以百川才奔流入江海。同样，圣王效法江海甘于居下的谦逊态度，事事为百姓考虑，百姓也将如水归于江海一样归附于他。故处在君主这个位置上并不是一种享受，相反，君主要担当起天下的重担，受国之垢，其责任是十分重大的。

在理想社会中也有圣人，那些有道的圣哲之人，以“有余”来奉“不足”，并且虽然这么做了，还不自恃是自己的功劳，不愿意让人们认为自己是贤哲之人，从而背上贤哲的虚名。圣哲之人不囤积私财，他们奉行这样的原则：越是帮助别人，自己就越充实；给别人的越多，自己得到的就越多。他们认为天道与人道应该统一起来，正如天道利养万物而不害一样，人道也应该倡导努力为社会、为他人服务而不争夺一己之私利。

所以，老子强调统治者治理国家、爱护百姓，要“无为”而不妄行，不要刻意引导百姓追求所谓圣人的境界，治理国家不以智谋，老百姓将因此而得到大的利益；不过度追求外在的仁爱与节义，百姓就可以恢复其内心本来所具有的孝慈；不引导百姓追求私利、追求奇巧之物，那么社会上的盗贼自然就会消失，社会就会由不合于道向合于道复归。老子对未来的企盼，是理想的、和谐的、无为而治的社会。

(2)“至德之世”。

庄子的愿望是过一种不受约束、自然自由的生活，他心目中的理想社会是一种“至德之世”。“至德之世”以“齐物”作为其理论基础。

庄子认为，以道观之，万物一体，“道通为一”而物齐。庄子讲“齐物”，并非要消灭事物之间事实上的差异性，而是在肯定个体性、差异性的前提下，实现不同事物在价值上的齐一。在庄子看来，宇宙万有千差万别，各有其不同的情性，情性的存在皆有其合理性，如人寝于潮湿处则可能得腰痛之疾，但泥鳅却特别喜欢泥水之湿；

人处于高高的树梢则惴栗恂惧，但猿猴却认为那是最安全的地方；人认为毛嫱、丽姬是美的，但鱼见她们却躲藏在水的深处，鸟见她们后高高飞走；“梁丽”这种高大、结实的器具可以用来攻上高高的城墙，但在挖一个小的洞穴时却无能为力，因为器具不论大小，各有其所用；千里马中的骐骥、骅骝，一日可驰千里，但让它们去捕鼠，还不如小小的狸狌，因为不同动物擅长的技能各不相同；猫头鹰夜里眼睛明亮，可以撮蚤，明察毫末，但一到白天，则睁大其双眼也看不清自己面前的丘山，这是因为事物各具不同的性能。在庄子看来，各种事物只要各自充分表现其性命之情性，则它们在价值实现之意义方面并无不同。

万物只要各自实现其天然的性、命，则其在价值上就可以达成平等，此即所谓“以道观之，物无贵贱”。人之不能“齐物”，皆由其执着于自己虚妄的价值分别而起。因为人们困于自己的有知、有欲，经常偏执于自己的私意分别，将自己的主观私意强加于物、也强加于己，因而自贵而相贱。庄子认为，宇宙万有虽千差万别，但又并行不悖，互补互成，构成一个统一的整体。在此基础上，庄子提出了自己“至德之世”的理想社会。其云：“故至德之世，其行填填，其视颠颠，当是时也，山无蹊隧，泽无舟梁，万物群生，连属其乡。禽兽成群，草木遂长……夫至德之世，同与禽兽居，族与万物并；恶乎知君子小人哉！同乎无知，其德不离，同乎无欲，是谓素朴。”（《庄子・马蹄》）“至德之世”中，人完全融于自然，回归人、兽、万物和谐一体的境界；人们各适其性，过着自然简朴的生活，不需要过度、异化的文明，山无蹊隧，泽无舟梁，没有私有财产，知作而不知藏，与而不求其报；人们同乎无知、同乎无欲，没有形式、教条的伦理原则和价值准则的束缚，所谓“不知义之所适，不知礼之所知”（《庄子・山木》）；人们各依自己的“道术”生存，“全性葆真”，犹如“鱼相忘乎江湖，人相忘乎道术”（《庄子・大宗师》）。

庄子强调“至德之世”的淳朴、自然，故在治国之道方面，他反对一切主观妄为的人治，而主张不治之治。在他看来，最理想的政治治理方式在于无为、自然，所谓“闻在宥天下，不闻治天下也”（《庄子·在宥》）。“在”是自在的意思，“宥”是宽容的意思，认为圣明之君听任天下安然自在地发展，并不对天下进行主观妄为的所谓“治理”；只要天下人不泯灭其原本的真性，不改变自然的常态，天下哪里还用得着治理！圣君畜天下之民，他们自身无欲而天下安，无为而万物化，渊静而百姓定。庄子认为，主观妄为之“治理”是一切动乱的根源，仁义、兼爱等具体价值规范皆具有历史性，好比历史上，尧、舜禅让而帝业成就；但燕王哙听从苏代的意见，仿效古代禅让的做法，将王位让给燕国的宰相子之，却导致燕人不服而国乱；商汤、周武革命而成就王业，但楚平王之孙白公参与争夺天下却导致其身覆灭。由此观之，庄子认为，争让之礼、尧舜之行，贵贱有时，不是始终如一的。庄子崇尚自由、自然，在这种自由与自然中，人和万物皆和谐相处，融为一体，庄子认为这种“和谐”的“至德之世”是最理想的社会存在形式。

3. 兼爱：先秦墨家的“和谐”价值观

在先秦“百家争鸣”时期，墨家学派是与儒家学派齐名的一个学派。孟子曾力辟“杨”“墨”，以维护儒家思想的地位。先秦墨家的主要代表人物有墨翟等人，墨翟是春秋末年鲁国人，早年受过儒家教育，但后来转而批评儒家及其他学派思想，他建立了一整套颇具政治价值理念的理论，如尚同、尚贤、兼爱、非攻、节用、节葬、非乐、非命等，创立了具有鲜明特点的墨家学派。

墨子认为，他所处的时代是一个乱世。其中，强有力之人欺凌弱小之人；人口多的诸侯国劫掠人口少的诸侯国；富足的人看不起贫困之人；地位高贵者傲视地位低贱者；有智谋的人欺诈智慧不足的人；如此等等。这造成了天下人的离心离德，各诸侯国杀伐征讨不断，天下大乱，为此，墨子提出“兼相爱、交相利”之说，希望能引导社会摆脱困境，建设理想的乐土。

墨子认为，志士仁人必定要兴起天下之利，除去天下之害，以此作为自己所追求事业的标准。那么，天下之利是什么？天下之害是什么？墨子看到，在他所处的时代，诸侯国与诸侯国互相攻击，家与家互相篡夺，人与人互相戕害，君不惠、臣不忠，父不慈、子不孝，兄弟之间不和睦，他认为这些不良社会现象就是天下之大害。墨子认为，这种天下大害是由人们彼此之间不能真诚相爱所造成的，各诸侯王只知道爱自己的国家，而不爱他人的国家，因此，不惜举自己一国之力以攻取他人的国家；卿大夫只知道爱自己的家，而不爱他人的家，因此，不惜举全家之力以篡夺他人的家；人们只知道爱惜自己的身体，而不爱惜他人的身体，所以不惜倾其全力以戕害他人。诸侯国之间因为不相爱则必然引发战争，卿大夫之间不相爱则必然相互篡夺，人与人之间不相爱则必相戕害，君臣之间不相爱则没有恩惠与忠诚，父子之间不相爱则不慈爱、孝顺，兄弟之间不相爱则不和睦、协调。天下之人都不相爱的话，就会导致力量强的必然劫掠力量弱的，富足的人必然侮辱贫困的人，地位尊贵的人必然看不起地位低贱的人，聪明狡诈之人必然欺负愚昧之人。举凡天下之祸害、篡夺、怨恨之事之所以会发生，就是因为天下人彼此之间不相爱所造成的。

要改变这种状况，墨子认为，以“兼相爱、交相利”的办法来改变这种情况。他所谓的“兼相爱、交相利”，主张天下之人和天下各诸侯国，彼此不分亲疏远近，互爱互利；要做到对待别人的国家，就好像对待自己的国家一样；对待别人的家庭，就好像对待自己的家庭一样；对待他人的身体，就好像对待自己的身体一样。天下之人都相互爱戴，才能做到强不凌弱、众不劫寡、富不侮贫、贵不傲贱、诈不欺愚。举凡天下之祸害、篡夺、怨恨之事之所以不会发生，就是因为大家彼此相爱的缘故。墨子认为，能做到这一点，就会造就“天下之人皆相爱”的局面。

墨子看到春秋时期，社会动荡不安，杀伐征讨不断，人们生活在水深火热之中。他有志于解决这些社会问题，希望通过在整个社会倡导一种人与人之间彼此相爱、互助互利的风气，来消除战争、消除杀戮与仇恨，使人们能共同过一种充满爱心的幸福生活，墨子所谓人类的理想社会就是一个“兼相爱、交相利”的“和谐”社会。

（二）汉代国家核心价值中的“和谐”诉求

中国古代社会经过春秋、战国几百年的混乱局面，终于在秦、汉时期实现了大一统。战国诸子百家各是其是、各非其非的争鸣局面走向终结，时代呼唤一种既能够吸收诸子百家之精华、又能够适应大一统社会需要的价值哲学体系。

秦汉思想家广泛吸收先秦诸子的思想营养，提出了“别白黑而定一尊”“清静无为”“仁义治国”“独尊儒术”“王道之三纲”“三统、三正、三教与更化”“五常”“深察名号”等一系列对后世影响颇深的观点，论述了国家发展的价值目标、社会制度的价值理念、社会人文的具体价值规范等价值哲学的问题。这一时期，儒家所倡导的三纲五常形成了适应社会需要的儒家价值哲学。

国家与社会作为人群的共同体，亦可以引申出诸如其历史使命、存在意义为何的问题。因此，国家与社会也应有其发展所应趋赴的目标，如此方能不陷入无序之盲动。在这个过程中，国家、社会所应趋赴的目标是否具有正当性、合理性，其中即有价值问题。

社会群体和国家皆有其发展的价值理想和目标。国家和社会发展的价值理想和目标在整个价值哲学诸范畴中，居于核心地位，它甚至可以成为衡量其他价值意识形式和个体价值活动是否具有意义的重要标准。秦汉时期，关于国家发展的价值目标，因不同统治者对于国家未来发展所持之价值判断的不同，其观点亦各不相同。

1. 与民休息、清静无为

秦亡的教训和法家的破产使汉初的统治者得到启示。为恢复国家元气，汉初采取黄老道家“与民休息”的治国思想。汉初黄老学是在继承先秦道家清静无为思想的基础上，吸收儒、法、名、墨、阴阳等诸家思想成分演化而成的新道家思想。司马谈说：“道家使人精神专一，动合无形，赡足万物。其为术也，因阴阳之大顺，采儒墨之善，撮名法之要，与时迁移，应物变化，立俗施事，无所不宜，指约而易操，事少而功多。”(《论六家要旨》)

汉初黄老之学的核心思想是“道”与“清静无为”。“道”本质上表现为一种无可抗拒的自然之势，成为主宰自然世界和人类社会的根本法则，人的政治活动只能因循和效法自然之道，即所谓“体道”“法自然”。清静无为在政治上表现为不干涉或少干涉主义，强调要因循自然法则治理天下，重视“因”“宜”原则的运用，如水处者治渔业，山处者治林木，谷处者治畜牧，陆处者治农耕，因高为田，因下为池，地宜其事，械宜其用，用宜其人。历史上的圣王如禹治水，是因地之势；汤、武革命，是因民之所欲。故能“因”则可以无敌于天下。

黄老道家认为，君主治政要分任责成，因循任下，责成则不劳；自己处无为之事、行不言之教，漠然无为而无不为，澹然无治而无不治。当然，所谓无为即不主观妄为，所谓无不为是因物之所为而为；所谓无治即自然，所谓无不治即因自然之然而然之。黄老学派强调，君代表秩序、文明和公正，因天下有强掩弱，众暴寡，诈欺愚，勇侵怯，怀知而不以相教，积财而不以相分的情况，故立天子以齐一之。君主为治之本务在安民，民为国之本，国为君之本；民以食为天，足民之本在于勿夺农时，勿夺农时之本在于君主省事，省事之本在于节欲。黄老道家强调君主应节制个人欲望，私志不得入公道，嗜欲不得枉正术；君主省事之本在节欲，如果人主急无用之功，则黎民百姓憔悴于天下，故政令烦苛是造成社会动乱的主要原因。上无苛令，官无烦治，贵清静而民自定，此为黄老道家的治国价值理念。

2. 仁义治国

汉初儒家学者也对秦亡作了深刻反思。他们提出治国当行仁义，重新构建政治道德与价值理念，提出行仁义为立国之本。

陆贾认为，秦亡的原因，一言以蔽之，即“用刑太极”。秦以严刑酷法作为治国理民的基本政策，结果法愈滋而奸愈炽；其扰民之举措太众，滥用民力，结果导致天下大乱。他认为，治国当以道德为上、以行仁义为本。秦王朝所拥有的酒池可以用来泛舟，糟丘堆积成山，站在上面可以望远，不可谓其不富；秦统四海之权，主九州之众，不可谓其不强。但以秦之富强与威武，却功不能自存、威不能自守，陆贾认为，这并非秦之贫弱所导致，而是由统治者道德不存于身、仁义不加于天下所致。所以，仅增加国之财富而行无道之政，其财必为众人所谋；仅强调国之威武而行不义，其威武必不能长久。秦尊于位而无德，为汉所黜；富于财而无义，为天下所刑。因此，汉朝的统治者要吸取秦亡之教训，以仁义为教化之本。历史上，尧舜之民可比屋而封，桀纣之民可比屋而诛，皆教化使然。君贤则民顺，君暴则民恶，故治民当以德治教化为主，轻刑厚赏，以儒家仁德之学为价值标准来统一法规、政令，使臣民都能以重义轻利的原则行事，国家就可以长治久安。

贾谊主张治国当礼法兼施，以礼治为主。他认为，取天下与守天下应奉行不同的方法，秦灭六国而王天下之后，其道不易、其政不改，仍然重诈力而轻仁义，以暴虐为治天下之首务，其亡可立而待。汉立之后，进取之时已去、并兼之势已过，天下进入守成时代，当以礼治国。以礼义治国者积礼义，以刑罚治国者积刑罚，刑罚积而民怨深，礼义积而民和亲，礼可以确定道德行为的基本规范，能够维护社会秩序，故礼乃治国之本。道德仁义非礼不成，教训正俗非礼不备，礼有固国家、定社稷的功能。

实行礼治，就要以礼爱民，以民为本，推行仁政。秦亡的教训之一，就是民危而导致君危。秦统治者不知重民、安民，对民繁刑严诛、赋敛无度，百姓人人自危，而危民易与为非。贾谊认为民为万世之本，自古及今与民为仇者，有迟有速而民必胜之。统治者可以改革其政治却不能更换其国，可以调整官吏之任用却不能更换老百姓。因此，要以德治民，推行仁政，在百姓中宣传礼、义、廉、耻等儒家的基本道德价值规范，重教化、移风易俗，使天下百姓皆移心而向于仁义之道。

（三）魏晋时期国家发展的“和谐”价值目标

魏晋玄学的兴起，旨在解决汉代名教制度僵化所带来的种种问题。从正始玄学的“名教本于自然”、竹林玄学的“越名教而任自然”，到郭象玄学的“名教即自然”，这一时期，“自然”之风受到崇尚。伴随着佛学东渐，日趋于盛，玄学、佛学和儒家之经学等不同价值思想相互激荡、彼此吸收，皆力图对社会生活施加影响力。

魏晋南北朝是中国历史上的大分裂时期，也是中国古代思想文化多元发展的时期。汉末名教衰落，思想混乱与政治动荡交互影响，出现多种价值哲学思潮，这些思潮试图在分裂与战乱中恢复社会秩序，实现政治的稳定，其中就包括了关于国家和社会制度“和谐”的价值理念。

魏晋时期兴起的玄学思潮，因推崇“三玄”，即《老子》《庄子》《周易》，并通过研究“三玄”而阐发“玄理”、言“玄远”（即抽象道理）而得名。玄学思潮关心名教与自然、本与末等价值哲学问题，通过以论析名教与自然为主要思路，批判总结两汉价值思想体系，从价值哲学的高度对名教的合理性进行再认识，使中国传统价值哲学的思维得以深化。其所谓“名教”一般指的是社会的人文建构，主要包括社会的伦理纲常制度与人文价值理念；“自然”则是指在人的主观意志之外存在的天道运化的自然理体。

1. “名教出于自然”

魏晋时期著名玄学家王弼认为，历史上的法家崇尚整齐划一，强调用法律来检束一切；名家崇尚名实相符，强调以言辞的逻辑性来纠正、确定一切；儒家崇尚真诚之爱，赞美、荐进道德之美；墨家崇尚俭约、节省，抑制人情而勉力推行其主张；杂家崇尚各家之美，而汇集、总括以实行之。但是，在王弼看来，以法律来检束一切，必然生起巧伪；以名辞之逻辑来纠正、确定事物，有失恕之理；以真诚之爱来赞美道德之行为并加以荐进，必然导致争讼；违背人情来勉强推行俭约、节省，必生乖违；杂集各家之美，必生秽乱。这都是只用其子而抛弃其母所导致的不良后果。

事物如果失去其所载之道，则不可能守住自己的本性。因此，王弼认为，通过竭尽圣贤之智来治理社会中的巧伪现象，不如致力于展现人性之质朴、本来的一面以使百姓之欲望清静；通过兴起仁义等制度来敦厚日渐趋薄的风俗，不如致力于抱素、怀朴以笃实人的本性；通过发明很多的巧利来使事情更加简捷、方便，不如寡私欲以息去浮华的争竞。他的观点是，要防止奸邪，主要的途径在于保存事物本来之诚，而不在于标榜什么是善，来与邪恶相对立；要息灭淫乱之风，主要的途径在于去除奢华，而不在于使浮华更加彰显；要绝去盗贼，主要的途径在于平息人们强烈的贪婪欲望，而不在于用严刑来禁止偷盗；要减少讼争，主要的途径在于使民不争，而不在于善于判断讼事；如此等等。

王弼认为，万物虽众，然皆“统之有宗，会之有元”，要通过探寻本质而了解末节，而不能舍弃本根而追逐末节。事物虽然丰富多彩，但都是多样性的统一，多样性的背后，有“致一”者存，此“致一”者即谓之为道。故得道之根本，则虽繁而可以不乱，虽众而可以不惑。从人类社会来立言，如果时代不同，则社会风俗与价值规范等名教形式也各自殊异，但于名教的万变之中，有“会要”、“宗主”存在，这个“会要”与“宗主”就是道，得之则可以执一以御万。这也是王弼提出“名教出于自然”之说的重要原因。

2. “越名教而任自然”

魏晋时期，嵇康、阮籍等竹林七贤崇尚意志自由，反名教而非周孔。嵇康认为，社会动乱之源在于名教。远古鸿荒之世，民众大朴未亏，君政在制度上无文饰于上，民风淳朴无竞争于下，如此则万物各全其性，社会中事理皆得其顺；现世的名教不过是“大道陵迟”之后被人为制造出来的制度、规范，名教内则造立仁义以攖百姓之心，外则制为名分以检百姓之行，并通过劝学、讲文以神其教化，至使民众六神纷拢，社会上各种思想流派繁炽，百姓对之莫衷一是。《六经》对人的自然之性加以抑引，而人的自然本性却以顺从其性为欢，故道之自然不能由抑引之《六经》而得，民众不需要违背人情的礼、律来全其自然之本性。

嵇康认为名教是“心”的牢笼，君子的“心”不能陷于世俗的是非之中，君子的“行”应该合于道德之自然，以道作为行动的指南，道即自然，道存于心，故他提出要“越名教而任自然”，或者说“任心”。如何任自然？嵇康认为君主要抛弃仁义、礼律，抛弃我尊、我强，崇简易之教、施无为之治，应“静”而顺民情、从民志；要以万物为心，以天下为公，清静寡欲，则民众自然耕而为食，蚕而为衣，衣食周足，饱则安寝，饥则求食，怡然鼓腹，快然以足，不知为至德之世，如此则不用仁义之教、礼律之文而天下得治。

3. “名教即自然”

西晋时期，郭象提出“名教即自然”的观点。这个观点认为名教是自然的体现，不是离了名教而别有一自然。

郭象的这个观点是建立在他的哲学“独化”论基础之上的。郭象强调“上知造物无物，下知有物之自造”（《庄子·大宗师注》）的观点，认为宇宙万物皆自造、自化，其“自造”有两个特点：一是无外因可寻，二是无目的自生。所以，宇宙万物出现于世，外无所资于道，内不由于己，乃崛然自得、独化而成。

宇宙万物生成之后，各有其本性，本性中各具其独特之性分，此性分乃事物先天所禀，各有所本，不可逃亦不可加。天下的事物虽然各自独化而成，然而事物的“自造”“自为”，造成了事物之间的“相为”与“相因”，由此产生“玄合”，这种事物的协同、相因或者说“玄合”通向整体的和谐，也即郭象所说的玄冥之境。例如唇与齿，在郭象看来本来是毫无关系、未尝相为、各自独化的，然唇亡则齿寒，唇之自为实济齿之功宏，唇、齿虽各自独化，然彼此“相为”成一种不知其所以然而然的“玄合”，也即“命”。故独化之后的事物，虽彼我皆欲自为，但又莫不相与为彼我。

郭象认为，“性”与“分”指的是单个存在物的规定性，“命”则关涉存在物之间“相与为彼我”的“玄合”；名教即相当于“命”，自然即相当于“性”。性与命、名教与自然，虽然万殊不齐，却又整体和谐。郭象以人的身体器官分布来说明“名教即自然”的道理，名教就好比人的身体，人对其身体的各个组成部分之间并无亲近之意，而头首自然在上，足自然在下，脏腑自然居内，皮毛自然在外；外内上下，尊卑贵贱，于人体中各任其极，而未有亲爱于其间。社会之名教亦是如此，时之所贤者为君，才不应世者为臣，若天之自高、地之自卑、首自在上、足自居下。

郭象“名教即自然”观点的意义在于肯定现实名教的合理性。所谓千人聚，不以一人为主，不乱则散；故多贤不可以多君，无贤不可以无君；仁义、君王是天人之道、必至之宜，属人之本性，乃自然天理。郭象还从现象与本质、“内圣”与“外王”等角度论名教与自然的关系。他认为“迹”即现象，表现为名教，“所以迹”是原因和本质，乃性与自然；“迹”是末，“所以迹”是本，“所以迹”必然要表现为“迹”，任物之真性的政治必然要转化为名教，故名教即自然，内圣不妨碍外王，外王要以内圣为基础。

（四）隋唐时期关于国家“和谐”的价值观

隋唐时期是中国三教价值观综合、演进的重要时期。这一时期社会价值观的结构是多元的，道教、佛教全面展示了其价值理论的特色，使之成为中国传统价值观的重要组成部分，但也应该看到，儒学价值观仍然还是这一时期价值观的主流。儒、释、道等不同流派的价值观既相互冲突，又相互吸收、融合，故而隋唐时期成为中国历史上价值观思想融合、包容和创新的一个重要时期。

隋唐时期，是中国封建社会走向鼎盛的时期。隋唐两代统治阶层中的有识之士，对于建设什么样的封建国家、社会制度的价值理念，乃至于民众人伦常行的价值规范等价值观问题作出了积极探索，建构了特色鲜明、内容丰富的封建国家价值思想体系。

1. 君为政本、君臣和谐论

隋唐统治集团对于如何巩固自己的统治，建构理想的、长治久安的封建国家，作了深入持久之探讨，在国家政治生活的价值指导、具体制度设计和落实等方面精心策划，取得了较好的成效。其表现之一，就是隋唐时期指导封建国家皇权具体运作的君道理论趋于成熟与完备，该理论在探讨为君之道的过程中，实际上已蕴含了对国家发展的价值取向问题的思考。

隋唐统治集团在政治生活中，注重强化“君为政本”的价值理念，这是中国古代皇权专制政治制度下国家政治生活的一般内容。“君为政本”的主旨有二：一是君主在国家政治生活中起关键性作用；二是臣民皆受制于君权，为巩固、完善君权服务。

当然，隋唐时期君权至上的国家政治生活价值理念在具体落实过程中，也探讨并建立起一些在当时有积极意义的制度和措施，如这一时期受到广泛讨论的“君德论”，认为君主要行“大中之道”，布仁义之政。“道之为体，显见仁功。”（《周易正义》）德是区分君主贵贱最根本的标志，如罗隐认为，“虽位力有余，而无德可称，则其贵不足贵也”（《两同书・贵贱》）；以强制弱是自然之理，柔弱任德者为明君，恃强任力者为暴君，政治中的强“在乎有德，不在乎多力也”，暴君“骄酷天下，舍德而任力”（《两同书・强弱》），必为天下所制。

君道理论提出君与臣依据道或道义结成统一体，君有君道，臣有臣道，二者又统一于道，君与臣必须以道来规范各自的思想、行为，共同实现“天下有道”的理想政治。隋唐两朝的统治集团提出了君与臣“同功共体”“君臣合道”“君臣师友”等主张，认为君臣犹如元首与股肱，臣是君不可或缺的助手，从政治结构和政治运作的角度，承认君对臣的依赖性和臣对君的相对制约，肯定君臣结成政治统一体的必然性的必要性。

链接

唐中后期著名学者柳宗元认为，治国之道的主旨在于“立大中”，即立三纲，守五常，行仁义，道、德、礼、信皆仁义之道的体现，圣人设官行道，立制存道，君臣上下皆守其分、尽其责，即是对道的恪守。关于君主与国家的起源，隋唐儒学持“天与人归”的观点。对于什么人能成为君主，强调受命于天，其之所以能受命于天，又不离其德。

君道理论重在论证调整王权、规范王权的必要性。君道理论特别强调“道”是君臣应该遵循的政治行为准则，“道”见诸政治就是治国之道，其主旨通常包括：法天地，重人伦，制礼法，行仁义，用中庸等。这样，儒家的仁义道德、纲常伦理皆可以包括在道的范畴内，上升为国家政治生活所必须遵循的最高价值理念，仁义也成为君道的重要特点和属性。

2. 民生论：君民和谐

以唐太宗为首的贞观政治集团奠定了盛唐的发展基础。唐太宗具有重民、爱民的思想，他在肯定天下应由君主一人主宰、治理的前提下，承认君主必须为天下苍生谋福利，必须以安定民生为政治之本，强调“以一人治天下，不以天下奉一人”（《贞观政要·刑法》）。提出“君依于国，国依于民”；“为君之道，必须先存百姓，若损百姓以奉其身，犹割股以啖腹，腹饱而身毙”（《贞观政要·君道》）。认为君民一体，君为腹而民为股，腹饥不能割股以饱之，割股以饱腹，腹饱而身死。

明君要善庇生民，爱惜民力。民对于君的重要性，体现在民可以择君而归。“天子者，有道则人推而为主，无道则人弃而不用，诚可畏也”（《贞观政要·政体》），唐太宗亲历了隋末农民战争，目睹了民众的力量如何将强势的隋炀帝从高高在上的皇帝宝座上拖下来的壮烈过程。他特别赞同以君喻舟、以民喻水的说法，“荀卿子曰：君舟也，民水也，水所以载舟，亦所以覆舟。故孔子曰：鱼失水则死，水失鱼犹为水也”（《贞观政要·君臣鉴戒》）。君无民则不成其为君，而民无君并不妨碍其为民。在重民思想的作用下，唐太宗治国方略的主要内容是宽刑政、薄税赋，并推出了一系列的重民政策。

我们可以看到，隋唐国家发展的价值目标，在坚持君权的绝对权威的前提下，强调爱民、厚生，宣扬道统，复兴和改造儒学，恢复和加强其主干地位，注重建立国家“和谐”的核心价值理念，并以国家之兴亡、治政之公私、贤能与不肖之进黜等作为衡量政体好坏的标准，基本确立起一整套关于国家发展价值目标的理论体系。这个理论体系上承汉魏，下启宋明，对后世政治价值理念发展的方向和进程有重要影响。

（五）宋明时期国家发展的“和谐”价值目标

宋代以来，儒者非常重视发挥传统儒家重视现实关怀、积极入世、济世的淑世精神，他们大都有一种强烈的责任感和忧患意识，他们研习儒学经典的目的，不仅是要对儒学的经典进行文字的训诂和经义的训释，更是要探求其中所蕴藏的大中至正之道，为经世济民提供理论指导。因为宋虽革五代之乱，但社会内忧外患，危机四伏，弊端丛生，士大夫群体中有一股强烈的忧患意识，他们以一种浓郁的人文情怀，关注社会、人事的矛盾冲突，面对现实困境，焦虑不安，忧心如焚，迫切想要找到摆脱社会困境的出路，以拨乱反正，重建正常的秩序。他们普遍意识到，价值的重建是其中的一项重要内容。因为价值为政教之本，无论是内修德义，还是外建王道，都不离价值。在宋儒看来，社会之所以未能摆脱种种弊病，就是因为人们不能了解理想社会的存在模式及其价值，他们想通过理论探索，为社会发展找到一种具有永恒价值的理想发展模式。

宋明儒者力图从儒学经典中去探求一种大中至正之道，将之上升为最高的理性原则和文化精神，即所谓天道或天理，并以之来制约王权在世间所具有的至高无上地位，为经世济民提供理论指导，这是理学兴盛的深层动因之一。应该说，隋唐以来，随着佛、道二教的流布与不断发展，中国社会在文化价值层面上逐渐形成了三教鼎立和互相融合的局面。到了宋明时期，儒、释、道价值观念进一步趋于融合，儒家的众多学者在这一时期大都产生了文化价值理念的自觉，他们援释、道以入儒，并对儒学进行创造性的综合创新，而凸显出了其作为社会主流价值观念载体的重要作用。因此，宋明儒学的复兴，不仅表现在其理论体系较之以往更加完善、学术内涵更加丰富，而且更重要的是这一时期的儒学的价值主体精神和问题意识愈来愈明确。

链接

宋代理学诸子皆以德治作为一项重要的政治原则。如程朱理学提出仁政主张，认为“王道”之本在于“仁”，仁道及人、和顺民心是王道的重要内容；仁政的核心是仁心，即爱民之心，仁心在政策上表现为爱惜民力、足食保民、省赋恤民等。司马光提出要施行爱民之政，顺从民心，民心向背应成为制定政策的出发点，政府要藏富于民，勿与民争利。张载提出“仁道及人”的思想，强调以仁道感化民心，博施天下民众，还提出“足民”思想和“井地治天下”的均平思想，认为是贫富不均导致了严重的社会问题。

理学强调君主个人品行是治乱兴衰的关键，认为君主当以德修己，君心公平与否，关乎天下之纲纪；君主修德以正心，必须通过一定的政策形式表现出来，否则有其心、无其政，不能称之为善。尊君亦要重贤，选贤用能是巩固国基的重要手段。司马光认为，衡量人才的标准有二，即德与才，其中，正直中和是德，聪察强毅是才，才为德之资，德为才之帅，其“才德论”将人分成四种类型：才德全尽谓之圣人，才德兼亡谓之愚人，德胜才谓之君子，才胜德谓之小人；选才取士要“至公至明”，他对以出身门第或文辞科举取士表示怀疑，认为文辞乃艺能之一端，未足衡量天下之士。

明代张居正认为“保民”是立“天子”的目的，他认为通过保民，君主才能保身，治国安邦莫过于安民，民安邦固，即使有水旱盗贼及敌国外侮之虞，国家和社会亦无土崩瓦解之势。张居正通过改革，停办“不急之功”；惩治贪吏，抑制豪强；减免赋税，实行一条鞭法、摊丁入亩。这些改革措施，在当时取得了较好的实效。

(六) 明清以来的启蒙思潮关于“和谐”发展的价值目标

明清时期，中国社会商品经济有了一定程度的发展。这种发展要求突破封建生产关系对个性的束缚，因此，呼唤个性解放的人文主义价值思想应运而生，并在历史发展中起到了重要的启蒙作用。

链接

在《明夷待访录》中，黄宗羲基本确立起主权在民、人是目的的思想，并且前瞻性地提出了人类历史发展的前景在于自由、平等的民主社会的设想。天下是天下人的天下，既然这样，就应该让天下人来治理天下之事。对于天下人治理天下之事，黄宗羲提出了一种设想，即采取所谓的“学校”制来限制君主的权力，从而使君主的权力分散，达到民主共治的目的。黄宗羲设想治理天下的各种政策、法制、措施都应该从“学校”而出，此“学校”包含了某种现代社会之议会的意思，“学校”不是对君主负责，而是对人民负责，对于君主之所是，不一定要赞同；对于君主之所非，不一定要反对，学校完全独立于君主之外而单独履行其治理国家的职责，这样，君主的专制、独裁权力就可以受到限制。

黄宗羲还提出“天下为主，君为客”，“天下之治乱不在一姓之兴亡，而在万民之忧乐”，“有治法而后有治人”等民主社会的价值理想，对于近代中国社会历史的发展，起到了重要的启蒙作用。他思索封建君主制的弊病之所在，认为权力本来是一种为人服务的工具，发展到后来却成为奴役人的工具。他通过探讨国家、社会和君权的起源，指出君权的本质在于民权，为了更好地维护民权才历史地形成了君权，但君权产生之后，却开始走向自己本质的反面，也即开始异化。这种异化造成了惨痛的教训，要消除这种灾难，人类就要回到开始，重拾天下是天下人的天下的观念，以这种价值观念作为指导，人类才可能步入真正的理想社会。

二、“和谐”是社会制度的价值理念基础

在文明社会中，制度文明是其核心的因素之一。制度本质上是为人服务的，制度的确立体现的是人的价值观念。中国历代思想家对于社会制度的建构十分重视，而且他们大都以“和谐”理念作为其制度创设的指导思想或价值追求。通过他们对制度文明的描述乃至建构实践，我们可以一窥其追求“和谐”的价值取向。

(一) 先秦诸子对"和谐"作为社会制度的价值理念的思考

1. 先秦儒者的思考

(1)"正名"。

孔子认为，形式和内容、外在与内在需要有机统一起来。"仁"是社会礼乐制度的基础，由于现实生活中犯上作乱、僭越坏礼、兼并掠夺等现象比比皆是，周王朝所实行的政治上的分封制、经济上的井田制、社会生活中的宗法制等受到了极大的冲击，孔子认为要通过"正名"来恢复"仁""礼"，"仁""礼"恢复了，国家和社会就会重现和谐。

链接

在孔子看来，名分不正的现象在当时的社会生活中比比皆是。如以礼而言，只有周天子才可以用"八佾"这种奏乐舞蹈的形式，而鲁国正卿季平子作为大夫却用天子之乐，这件事于礼不相合。鲁国的大夫孟孙、季孙、叔孙三家在祭礼完毕之后，采用了周天子才能用的《雍》诗来赞唱，对此，孔子指出"四方诸侯，都来助祭；天子仪容，美好静穆"这样的礼仪，是不能用在三个大夫的庙堂之上的。

当时，一些人混淆概念，攻击礼制和习俗的合理性，使"名""实"不符，天下人不知所适，孔子认为这是社会混乱的原因。而国家和社会之所以得到治理，是因为人们虽然处于不同的阶层、有所区别，但由于有礼制和习俗来对人们的行为进行规范，因而"名"与"实"相符，各个阶层的人们都各安其分，天下因此能得到治理。

(2)"法后王"。

关于社会制度的价值理念，荀子主张"法后王"。所谓"后王"，指的是文王、武王、周公等，称周文王等为"后王"，是相对于黄帝、尧、舜、禹等“先王”而言的。荀子为什么强调要法“后王”呢？这是因为他认为“后王”的法度和制度也即周礼是最完备的，体现了“王政”的价值精神。

荀子认为，“王政”的根本原则不会超出夏、商、周三代的政治价值理念之外，不会背离、违反文王、周公所制定的法度。夏、商、周三代的法度、制度中，以周朝的最为详尽、完备，社会的根本价值理念如果不取法于三代，就必然会偏离正轨。“后王”的法度与制度是完备的，荀子认为，这从“名”形成的过程中就可以得到证明。“后王”通过“辨实”来“定名”，“名”定则大道通行于天下，天下人都赞成而志气相通，圣王因此能治理好自己的国家。历史上，文王、周公就是这样来给事物定其“名”的：刑法之名从商制，官爵之名从周制之旧，各种礼节仪文源于周之“仪礼”，一般事物的名称则沿袭中原地区习俗的普遍约定。因此，“后王”之“成名”，是博采众长、择善而取的，故能符合于事之“实”。文王、周公“制名”的目的在于通过定名分，使人们能辨认清楚事实，大家一致遵守这种法度、制度，所以天下得到了治理。

荀子之所以推崇“后王”，是因为他认为治国必须要有一套完整的法度、制度，这样才能“名”“实”相符。他的这个思想和孔子是一致的，孔子也提出自己要“从周”，他们均认为，周朝的法度、制度是三代中最完备者。荀子比孔子更激烈一些，他认为现时的制度、器具，凡是与周制不合的都应该废止、弃用，要“复古”即恢复周制，这才算是实行了“王政”。

（3）“明分使群”。

荀子关于社会制度的价值理念，还包括要“明分使群”。人为什么需要礼仪、法度等制度文明的规范、约束？荀子认为，这主要在于人不同于自然物、不同于禽兽。人是社会性的群居动物，人虽然力气不如牛那么大，也跑不过马，但牛、马最后却都为人所役使，这是由于人能够依靠社会、群体的力量而牛马不能的缘故。群体和谐则天下一心，天下一心则力量大，力量大则强有力，强有力则能役使自然物，故人是不能离开社会、群体的。

人以群胜物，无群则不能生存，但一个群体如果没有礼义名分就会有争端。因为人生来就是有区别的，如果抹杀这种区别，就会在人与人之间产生不平和争斗，有争斗就会造成混乱，混乱就会造成社会的离心离德，一个社会离心离德就会遭到削弱，社会削弱了则人就不能够胜于物，故群居无礼、法则必乱。要避免出现这种情况，最好的办法就是“明分使群”。荀子认为，圣王通过制礼、作法，明人群之“分”，使社会秩序井然。

“分”是人成为“群”所必需的，是社会存在和发展的基础。关于“分”，荀子认为主要包括两个方面：一是“明于天人之分”，一是明于人与人之分。关于“明于天人之分”，荀子认为，人类社会治理得不理想，不能把原因归结到天，天人各有其职，“明于天人之分”，人就能够知道自己所应尽的职责。故荀子认为，与其尊崇天的伟大而仰慕它，还不如畜养万物而控制它们；顺从天而歌颂它，还不如掌握天体变化的规律而利用它；坐待天时而来，还不如顺应不同的时节要求而努力进取；因循物之性而不敢越雷池半步，还不如施展人的才能去改变物之性；思慕物之珍贵，还不如顺万物之理、燮理之而使其源源不绝；祈望万物之丰盛，还不如赞助天时、地利，使万物能够增产、增收。所以，放弃人的作为，就会导致失去万物之情。

“分”的第二个含义在于人与人之区分。荀子所谓礼、法等制度、措施的设想，主要目的就在于明于人与人之分，通过“隆礼尊贤”“重法爱民”，从而达到天下大治。人与人的区分，在荀子看来，其重要内容之一就是礼义内外、父子、男女、上下的区分，即做到所谓君臣有义、父子有亲、夫妇有别。国家的命脉则在于礼制，统治者重视礼制、尊崇贤人就可以称王，重视法制、爱惜民力则可以称霸于诸侯；如果贪爱利益、狡诈欺民则国家就有危险，如果以权术谋略来暗害人则国家就会灭亡。故人与人之间要区分贤与愚，要“隆礼尊贤”，使贤者居于愚者之上，选拔贤能之人不按他所处的等级、秩序，唯才是举；罢免懒散无能的人，不能稍有迟疑；诛杀凶恶之元凶，要态度坚决。名分未定则以父子长幼、远近亲疏之序以正之。虽然是王公贵族的后代子孙，如果不能遵守礼义，就应将之划入平常百姓的范围。相反，虽然是平常百姓的子孙，如果能积累文化、学习各种知识，坚持正确的行为，能模范遵守礼义，就可以提拔他们做卿、相、士大夫。

荀子认为，人为的灾祸是最可怕的。社会价值理念不明、不修礼义、男女淫乱、父子相疑、君臣上下不同心等，都是人为的灾祸。故一个社会要想得到治理，必须要重视君臣、父子、夫妇之道，区分清楚各自的职责，君要尽君之职，臣要尽臣之职，父子、夫妇都要各尽其责，大家都做好分内之事，不怨天尤人、推诿责任，这样就能实现社会稳定、天下大治。

2. 先秦道家的观点

（1）始制有名，大制不割。

大道化而为器物，万事万物因与道相通而井然有序，圣人依此秩序而制定百官制度，这种制度、秩序博大精深，不需要主观人为地去对它进行裁制，任其自然，就能达到无为而治。

老子并不反对一切文明制度，而是反对文明制度对人性的异化。文明制度是圣人根据人性、物情而制定的，其本性是自然而然的。但如果这种文明制度过度膨胀，就会失却其自然本性，以这种不合于道的、不自然的文明制度来统治人民，人民就觉得与自己的本性、与事物的情性格格不入，就会造成对人自然本性的压抑，导致人的自然本性的异化。所以，老子认为根据人性、物情去确立文明制度是必要的，但文明制度不能过分，不能越出其适用的范围，不能违反人性、物情主观地去加强文明制度。这样不仅不能达到治理天下的目的，甚至会适得其反。《道德经》说：“始制有名，名亦既有，夫将知止，知止不殆”（《道德经》第三十二章），“朴散则为器，圣人用之，则为官长，故大制不割”（《道德经》第二十八章）。老子并不绝对地排斥名分与制度，而是认为在创立了名分和制度之后，在使用这些名分和制度的过程中，要掌握好限度。因为名分和制度本身并不是政治追求的目的，政治的目的在于无为而治，所以制定名分与制度需要适可而止，力求简政，不能为了名分和制度而制定名分、制度。

（2）无为而治。

以老子为代表的先秦道家认为，治理天下要顺人之情、顺物之性，无为而治。天地生成万物，并不是要刻意表示自己的仁爱，只不过是顺物之性而为，在这个过程中，天地并不视自己为万物的主宰；同样，圣人教化百姓，亦不是要刻意彰显自己的仁爱，不过是顺应百姓之情而施政，并不自视自己为百姓的主宰。治理天下国家，应该本之于天道自然之规律，不能仅凭统治者自己的主观意志。如果不顺人之情、不顺物之性，企图主观妄为，要把天下治理好是不可能的。

道家之“无为而治”，不是指无所作为，什么都不做，而是指要顺着事物内在发展之规律行事，顺着事物之性情而动，这样才能“无为而无不为”。“无为”指的是不主观妄为，道无主观之私意，不过是随顺人性、物情而施为，故能无所不为，统治者若能知晓道之无为，天下民风将同化而归于自然。老子对无为而治持肯定和乐观的态度，认为统治者要行不言之教化，处无为之事，引导人们法道而行、与道相通，从主观妄为和贪欲中解脱出来，就可以达到理想的社会。

故具有上德的统治者在进行统治时，并不刻意去造作和经营，而是顺乎人之性和物之理，无为而治。圣人在治理国家的时候，以百姓的心意为准绳，来衡量政治的好坏。社会风气好的时候，圣人根据这种情况努力来治理国家；社会风气不好的时候，圣人也根据这种情况努力来治理国家。百姓诚信，圣人固然信赖、依靠他们；百姓不诚信，圣人也还要努力信赖、依靠他们。圣人治理天下，随天下人之心意去作为，虽说是治理天下，却表现得浑然天成。

虽然把天下国家治理好是统治的目的，但如果不依道、不依规律行事，天下国家不仅得不到治理，反而会大乱。《道德经》提出“治大国，若烹小鲜”（《道德经》第六十章），认为治理大国就好比烹制一条小鱼，不能频繁去翻动它，烹制小鱼时如果频繁去翻动它，小鱼就碎了；同样，治理天下大国，也不能随意搅扰百姓，不必刻意去经营，否则就容易导致天下大乱。老子强调政治要法自然而行，统治者如果不以自己的私智来治理天下，而是顺天下万物之情来治理，则天下万物各得其治，这就是无为而治。

老子认为，“道”是最完满的。现实的人、现实的世界与道相背弃，才会产生种种问题。由此，老子表达了他对当时的现实社会的不满。根据老子的理解，与天道相比，人道是不理想的。天道的运行，打个比方，就好比射箭，瞄准时，如果高了，就把箭往低压一些；如果低了，就把箭往高抬一些。劲力用得太大，就稍微松一下；反之，则加强一些。因此，在自然界，人们看到的情况是：天道减损有余的、多出来的部分，弥补不足的、亏欠的部分，这样，在天道的作用下，自然万物就可以保持和谐与平衡。人道却与此不同，人类社会中，经常是损害不足者，以供养那些富足有余的人，这是违背天道之情的。

老子认为，造成天下大乱的罪魁祸首便是统治者的贪欲和永不满足的掠夺之心。治理国家的统治者不知自足自俭，为政不清廉，私欲如深壑，永难填足。国家的朝政一塌糊涂，田地里面庄稼颗粒无收，仓库中一无所有，在这种情况下，居于上层的统治者还竞相穿着奇装异服，吃着山珍海味，搜刮着民脂民膏，财富多得数都数不清，手中掌握着国家机器，随时准备镇压老百姓的反抗。老百姓忍饥挨饿是因为统治者征收了太多的赋税，老百姓吃不饱、穿不暖，当然要起来反抗。统治者只知道抱怨治理百姓很艰难，想一味诉诸武力镇压，却不知道天下大乱、民众造反的根本原因就在于自己，自己行为乖张、怪诞，造成了社会的不和谐。

老子强调百姓是国家的根本。王侯之所以是王侯，是因为有百姓存在。尊贵之所以为尊贵，是因为有贫贱存在。崇高要以低下为根基。一些侯王自称为孤、寡，这正说明处高贵者要以低贱为本。老子强调百姓对于国家的重要，希望统治者不要过分贪于享受而轻视百姓的存在。

(二) 汉代社会制度中的"和谐"价值理念的贯彻

社会制度规范社会行为与活动，社会行为与活动则直接受到价值意识的影响。秦汉时期奠定了中国封建社会各项制度的基础，制度背后所体现的，则是文化的价值理念。我们通过对这一时期主流文化价值理念的分析，可以更清楚地了解秦汉社会制度的性质。

1. "三统""三正"与"更化"：制度与和谐

刘邦以布衣取天下，这在中国历史上乃一重要事件。此前皆为贵族治世，作为一介布衣的刘邦所建立的汉朝，在历史和社会中是否具有合法性，就成为当时理论界所要解决的一个重大问题。

刘邦一统天下之初，曾诏众臣如陆贾等陈述其得天下、秦失天下之原因。此后，此问题成为汉代经学所论证的一个重要课题。董仲舒是西汉时期的大儒，他对历史发展和王朝更迭的规律问题作过重要探讨，提出了以三统、三正为代表的一系列历史发展思想。

三统之说，发端于秦汉之际的今文经学。所谓三统，具体指的是黑统、白统与赤统，是历代王朝在制度方面循环采用的三种正朔，故三统又称三正。《尚书大传》认为，夏以平明为朔，商以鸡鸣为朔，周以夜半为朔，此为三朔；三正乃夏商周三代所使用的三种不同历法，如夏正建寅，以一月为岁首，建黑统；商正建丑，以十二月为岁首，建白统；周正建子，以十一月为岁首，建赤统。与三统、三正相联系，还有所谓三教，即尚忠、尚敬、尚文的不同价值取向。

在董仲舒看来，夏朝在社会上倡导忠爱，人们彼此亲近、爱戴，犹如亲朋，其弊失之于野，野即无礼，故当以尚敬以救之；商朝在社会上倡导敬，人们彼此尊敬，尊敬过了头，其弊失之于鬼，鬼有疏远、敬而远之之意，故当以尚文以救之；周朝在社会上倡导文明、节文，制度与形式非常完备，然其弊失之于薄，制度、形式背后缺乏真情，故又当以尚忠以救之。夏尚忠、殷尚敬、周尚文，后继起之朝代都相应地对前朝之弊进行补救。在不同王朝的更迭中，有的王朝推崇天道，其施行的治政之“道”充满阳刚之气，倡导仁爱、质朴的社会风气；有的王朝推崇地道，其施行的治政之“道”崇尚阴之柔美，敬重尊长而崇尚节义。有的王朝奉行的政治和社会制度其特点是亲亲而质省；有的则尊尊而文烦。故董仲舒有时也用“文质”来概括某一时代政治制度的特征，如商为“质”，周为“文”，这是根据孔子“质胜文则野，文胜质则史，文质彬彬，然后君子”（《论语·雍也》）的观点而提出的。董仲舒认为，纵观社会历史发展，不同王朝所采取的制度，不过是质和文轮流推崇，目的是求得社会的和谐发展。

董仲舒将其所崇尚的政治原则称为道。道即国家、社会沿之而能达到治理的道路，仁、义、礼、乐皆道之具。道是万世不易的永恒法则，“道之大原出于天，天不变，道亦不变”（《春秋繁露·楚庄王》）。政治原则有常、有变，有经、有权，常或经指的是根本原则，即“道”；变或权指的是道在具体落实中的应变与调节。其中，经是根本，权是补充，是在坚持原则的前提下所进行的局部变更和调整。董仲舒认为，《春秋》之道有常有变，变用于变，常用于常，各自有其适用的范围，彼此之间并不相妨碍。《春秋》中有经礼、有变礼，如安人之性、平人之心的礼称为经礼；但也有虽不安于心、不平于性，但没有别的办法可以代替，此则为变礼。故理解《春秋》之大义，不能以平定之常义疑变故之大则。董仲舒研究社会发展状况，是希望找到保持社会长治久安的根本。董仲舒认为，在社会发展中最重要的因素是高高在上的天道，人类社会政治与经济的变化其根源在于天道，而天道是不会改变的，改制只是一些具体的制度改变。董仲舒的三统、三正、三教论认为社会的发展只是在一些具体现象上的变化，而根本的社会制度、价值观，如三纲五常、忠孝节义之类的伦理政治规范则是不变的、长存的，此则谓之经、常、道。

董仲舒认为存在着至上的天道，它是社会发展所应趋赴的目标；向天道的靠近乃至合一，是社会发展的动力。天道通过阴阳五行的消长、变化表现出来，这决定了社会各种制度包括习俗的变化。人可以认识和理解以阴阳五行的消长、变化所表现出来的天道，从而有意识地与这种变化相适应。这是其天人感应理论的一项重要内容。人通过自觉与天道相适应，就可以造就一种理想的社会状态。

2. “王道之三纲”

董仲舒用天道的阴阳五行关系来论证人类社会的纲常名教，得出了“王道之三纲，可求于天”的结论。他认为“上天”是万物之祖，万物由天而生。但通常来说，天意难见，天道难明，如何才能理解上天的意旨呢？这就需要通过观察阴阳的出入和虚实，通过辨五行之本末、顺逆、大小、广狭，才能观天之道、明天之志。

就天道而言，凡事物必定有互相对应配合的两个方面，对应的双方必定有在上面的，有在下面的；有在左边的，有在右边的；有在前面的，有在后面的；有在表面的，有在里面的；有美好，有丑恶；有顺从，有违逆；有喜悦，有愤怒；有寒凉，有暑热；有白昼，有黑夜。这些都是事物中阴阳互相对应、互相匹配的方面。

上天生出阳气，产生温暖以生长万物；大地生出阴气，产生寒凉以成熟万物，不温暖则万物不会生出，不寒凉则万物不会成熟。但是，阴阳二物的出现，其意义不同。阳气在前，在事物的变化、发展中居于主导的地位；阴气在后，在事物的变化发展中处于辅助、从属的地位。宇宙间的事物皆阴阳相匹配，正如自然界的事物有上下、左右、寒暑、昼夜等配合一样，在人群中，也有妻子和丈夫的匹配，儿子和父亲的匹配，臣下和君主的匹配。具体说来，君王犹如天，笼罩、润泽万物，臣下犹如大地，支持天而承载万物；父生子而有家、子承父而继业，父为阳而子为阴；丈夫犹如阳气，乃生长之源，妻子犹如阴气，助夫而成育长之功。故董仲舒说：“君臣、父子、夫妇之义，皆取诸阴阳之道。君为阳，臣为阴；父为阳，子为阴；夫为阳，妻为阴……王道之三纲，可求于天。”（《春秋繁露·基义》）所谓王道之三纲，即“君为臣纲，父为子纲，夫为妻纲”，因为君臣、父子、夫妇是人世间最基本的社会关系，所以称之为“三纲”。天道与人事是统一的，人循天道阴阳之消长而确立社会政治制度和风俗习惯，以之来和天道相匹配，君臣、父子、夫妇三纲之义，皆合于天地阴阳之道，故王道之三纲可以从上天那里得到。

董仲舒“王道之三纲”的等级伦理价值观，把中国传统宗法等级社会的基本人伦关系上升到了恒常不变的天道高度。此后，东汉《白虎通义》在董仲舒所论的基础上，用天地五行说论证君臣关系和其他秩序，认为妻之事夫、臣之事君犹地之承天，用天地阴阳五行论证封建伦理纲常的永恒性；在君臣、父子、夫妇三纲之外，又提出六纪的人伦关系，即诸父、兄弟、族人、诸舅、师长、朋友，其规范是敬诸父兄，诸舅有义，族人有序，昆弟有亲，师长有尊，朋友有旧，其中，三纲法天、地、人三才，六纪法四方上下六合，这对董仲舒之说又有所发展。

（三）隋唐时期社会制度中“崇三教”的和谐价值理念

汉末以来，儒学受其经学形式的束缚，缺乏新的义理阐发，没有能够建立起系统、完善之本体论、心性论等理论体系。至于魏晋时期，儒学受到玄学的强烈冲击而面临严重危机。历史地看，儒学在中国传统社会中有其特殊地位，它重视现实关怀，有一整套规范人伦日常的制度与思想，可以很好地为现实政治服务。故隋唐时期的统治者，在明确社会制度的价值理念的时候，一般采取“崇三教”的态度。

儒、释、道三教作为三种不同类型的思想体系，在解决社会、人生等重大问题上存有分歧，但隋唐两朝统治者为维护统治，都强调儒学之教化在治理国家、安定社会等方面的作用，同时，亦重视以佛、道特有之“空寂”“无为”的教理来缓和社会矛盾，故持儒、释、道三教并立、并用之政策。如隋文帝杨坚一方面认为，“《孝经》一卷，足以立身治国”（《资治通鉴》卷一七五），另一方面又说：“朕服膺道化，念好清静，慕释氏不二之门，贵老、庄得一之义。”（《历代三宝记》卷一二）唐高祖李渊诏叙三教先后说：“老教、孔教此土之基，释教后兴，宜崇客礼。今可老先、次孔，末后释家。”（《集古今佛道论衡》卷丙）

在隋唐三教争立时期，儒家学者对佛教、道教的态度主要有二：一是在坚持以儒学作为思想正统和核心的前提下，调和、会通并吸收佛、道思想，主张“三教可一，以儒为主”，这种思想在隋及唐前期以王通、孔颖达等为代表，唐中后期以刘禹锡、柳宗元等为代表；二是力图建构新的理论体系，主张恢复儒学的独尊地位，这一派思想家主要以韩愈、李翱等为代表。其中，韩愈、李翱的哲学思想成为宋明理学的先声。

隋唐时期社会制度的价值理念，强调“崇三教”、兴礼乐、制法度，为不同价值文化体系间的交融互摄提供了良好的社会环境，对于加强隋唐时期统一的多民族国家的融合起到了重要作用，也为隋唐社会经济的发展提供了良好的社会氛围和环境。

（四）宋明及其后的和谐价值理念

宋明时期，理学高度发达。理学继承了先秦儒学重“礼”的思想，“礼之用，和为贵”，通过“礼”，宋明理学对于人自身的和谐、人与社会的和谐，做了充分的阐释，对中国社会产生了深远的影响。

清朝中后期，在封建制度严重阻碍社会发展、中国长期被西方列强侵侮的情况下，一些先进的知识分子抓住了中国人要求自强自立的心理，大力宣传西方进化论和自由、民主思想，倡导维新变法，推进了近代中国救亡图存的反封建、反侵略、反殖民化的斗争，如中国资产阶级革命派的代表孙中山 1905 年创立同盟会，以“驱除鞑虏，恢复中华，创立民国，平均地权”为誓词，这标志着“三民主义”思想正式形成。孙中山此说的提出，反映了中国民族资产阶级要求摆脱封建生产关系束缚、发展资本主义的愿望，其所谓自由、平等的追求中，也融进去了中国传统的“和谐”思想。至于近代资产阶级改良派的代表康有为，其“大同”“小康”思想，也都包含有中国传统的“和谐”理念。

三、“和谐”是重要的社会人文价值规范

中国传统文化对于人怎样生存、生活才是合理而有价值的进行过颇多思考。从先秦以孔、孟、荀为代表的儒家学派开始，历朝历代的思想家皆对之做过深入探究。从哲学上说，人们总是不断按照价值的目标去争取乃至实现、创造自身和社会的价值，中国传统文化一般以“和谐”作为个体价值目标的一个重要标准，在讨论个体的价值取向时，总是离不开“和谐”。

（一）先秦诸子对“和谐”作为重要的社会人文价值规范的认识

1. 先秦儒者的观点

（1）忠恕、孝悌。

儒家特别强调忠恕。忠指尽己的仁爱之心以爱人、爱物，通常

指一种诚恳的人格和道德修养；恕指推己以及于人，能理解别人，对人有同情心。

孔子很看重忠，强调人们要“居处恭，执事敬，与人忠”（《论语·子路》）；也看重恕，强调“己欲立而立人，己欲达而达人”，“己所不欲，勿施于人”。通常说来，忠恕在儒家学说中被当作“为仁之方”，是施行仁的重要方式，也被当作仁的重要内容。此后，孟子也把忠作为儒家重要的道德价值规范，认为教人以善谓之“忠”。后世儒家对忠恕的论述更加系统化，并将忠与尊君相联系，故忠之德成为中国封建伦理最主要的道德法则。

孝悌也是儒家重要的道德价值规范，孝指孝顺父母，悌指尊敬兄长。孔子及其弟子将孝悌看作“为仁之本”。孟子认为，孝悌乃人先天所具有的“良知”“良能”，每个人在孩童的时候就知道爱自己的双亲，长大后也知道敬爱自己的兄长，亲亲为仁，敬长为义。一个孝敬父母、敬爱兄长的人，才能忠君，才能取信于朋友，故孝悌又是忠的前提，也是信的表达，故后世儒者常将孝悌忠信合起来论述。

（2）中庸。

中庸是儒家重要的价值规范和修养方法，指不偏不倚、无过无不及。孔子认为，中庸是一种美好的德行与修养方法。“子曰：中庸之为德也，其至矣乎！民鲜久矣。”（《论语·雍也》）他的学生颜回选择“中庸”作为自己的修养方法，得一善则拳拳服膺而不失。对于中庸的含义，后世儒者多有阐发，如将中庸解释为中和可常行之德；北宋的二程则认为：“不偏之谓中，不易之谓庸；中者天下之正道，庸者天下之定理。”（《河南程氏遗书》）

2. 先秦道家的观点

（1）尊道贵德。

天下万事万物之所以生成，有其原因，这就是道；万物生成之后，各具自己的本性，这就是德。德是道的体现、是道的殊相。道是一种形而上的理体，它因万物而成形，因天下大势而成就自己的现实存在，万物都体现着道与德。道之所以为尊，德之所以为贵，不是因为道、德自身对万物有一种权威和命令，这都是出于万物各自的天性，是自然而然的。道是万物发生的原因，蕴藏着万物生成、收藏的本性；万物生成、发育、成熟，包括其延续和终结，无不有道在其中发生作用。因为道、德作为人和万物所禀之天性，实质上规定了人和万物的生存、生活之则，因此要尊道贵德。

在老子看来，事物各有其天然的本性，人、物天性皆平等，故人“无弃人”，物“无弃物”。万物生成于道，各具有其“德”或性命，万物虽有形有象，迁流不息，但仍在流变中保有其德或性命之“常”。道之所以玄妙广大而无所不包，即因其能够因任万有之性而随处成就之，人法道之自然，亦应消解其有为之偏弊，不要把人的意志强加于他人、他物，因任自然，而使人、物各自“归根”，自成其性。

在道家看来，自然是人类最理想的状态，在这种状态中，人应像初生婴儿那样无识无知、天真质朴，而文明的发展、知识的积累，却可能造成人无以返其性情而复其初的非本真状态。故要用“道”的自然原则来矫治社会伦理的失序和文明对人性的割裂，以实现人的本真存在。不过，老子虽然对仁、义、礼等伦理规范的形式有较多的批评，但社会中的人文和文明的存在方式，实际上都是根据道之自然的条理而设，所以道家并不否认忠信、孝慈、素朴、笃厚、慈俭等价值理念的德性内容。[①] 所谓“尊道”“贵德”，就是要求在人伦或文明中保持住孝慈、忠信、慈俭等德性之本真内容，而消解掉各种人文设定的形式化之弊，防止内在于人与万物的“德”堕落为异化的形式，这种异化导致人的沦落、蜕变，故要尊其道而贵其德。

---

① 参见李景林、郑万耕主编：《中国哲学概论》，36 页，北京，北京师范大学出版社，2010。

因此，道家认为，道与德是不可动摇的，也是任何人、任何事物所不能摆脱的。道通贯于个人及家、国、天下之间，并遍及于万物之中。如果人们遵循道德，以之修身，则道德就能落到实处；以道德来治理国家，则道德就可以丰大而盛；以道德来引导天下民众，则道德就可以普及于众生。

（2）逍遥自在。

自由的问题，是庄子价值哲学的核心问题。《庄子》所说“逍遥”，亦即所谓自由。[①] 庄子在《逍遥游》篇中指出，宇宙万有各足乎其天性，皆有其天然的自由。宇宙万有，小大夭寿有别，性、命各异，但其存在的价值，并无高下之别，只要能够充分发挥和实现其本性，都可以得到相应的自由。

人之不自由，是因为在人身上有很多的禁锢和束缚。这些禁锢和束缚，皆源出其“有待”“有己”。人有计较得失、追求功名利禄、贪生畏死等利欲之心，会影响人的心灵宁静与自由。因此，从“有待”“有己”出发，不能达到真正的自由；只有做到“无待”“无己”，彻底解开“有待”“有己”这个束缚人的心结，才能实现真正的自由，如《逍遥游》篇中所说：“若夫乘天地之正，而御六气之辩，以游无穷者，彼且恶乎待哉！故曰：至人无己，神人无功，圣人无名。”至人、神人、圣人因任宇宙之形化，曲直应变莫非自然，即可不再受有形之物的牵累而达于精神生命之永恒。

（二）汉代的社会人文价值规范

人们的价值意识乃是一种特殊的社会意识，它会引导人们采取一定的价值活动，积淀成一定的价值规范，这种规范又可以反作用于人群、社会，对人的行动产生导向、定标的作用。汉代人们追求、创造价值的活动，也形成了内容丰富的社会人文价值的不同规范。

---

① 参见李景林、郑万耕主编：《中国哲学概论》，51页，北京，北京师范大学出版社，2010。

1. “五常”

汉儒把仁、义、礼、智、信称为“五常”。“五常”既是人在处理人伦关系时必须遵守的准则，也是统治者永享天命的根本保证，不仅有道德义，还有政治义。董仲舒认为，仁、谊（义）、礼、知（智）、信“五常”之道，乃为王者所专修饬，五者修饬，故王可以受天之佑而享鬼神之灵。其中，仁义是“五常”的关键，仁的核心是爱人，义的作用是正我，仁之法在爱人不在爱我，义之法在正我不在正人；仁智相辅相成，仁而不智则不能知人，智而不仁则不能爱人；仁而不智，则爱而不别；智而不仁，则知而不为。故仁者所以爱人，智者所以除其害。

汉儒提出的“五常”之说，在现代社会中也还可以赋予其新的时代意义。现代社会倡导公民之间的爱心与助人为乐精神与“仁”，现代社会的公平、正义、见义勇为等精神与“义”，社会角色与社会责任乃至人与人之间的互敬、和谐的内容与“礼”，充分发挥聪明才智、出色完成本职工作与“智”，诚信、契约精神与“信”，皆可以有所对应。故而对于汉代社会人文价值规范的“五常”，可以赋予其新的时代内容，使之发挥新的作用。

2. 深察名号

董仲舒分别对社会中天子、诸侯、大夫、士、民五个阶层各自的名号、职分进行了分析。他认为，社会中不同阶层的人的名号各不相同，其社会责任亦各不相同。帝王接受天命，才有资格成为君王，接受天命的君王，其天命是上天所授予的，因此，以天子为自己名号的人，应该把天作为父亲来看待，用孝道来侍奉天，依天之意来教导百姓。以诸侯为名号的人，应该谨慎对待他所侍奉的天子，因为诸侯的“侯”，就是侍候的意思。以大夫为称号的人，应该格外忠诚，努力发扬礼义，因为大夫之所以称为“大”，就是他的品行必须超出于一般人（匹夫）之上，达到足以能感化人的程度。士就是“事”的意思，就是要努力从事各项事业，因为士还不具备教化的资格，只谨守自己的职责、服从上级的命令就行了。民则是“瞑”的意思，需要有人来对之进行教化。从天子、诸侯、大夫、士到民这五种称号，表明了他们各自的职分，职分中的每一部分又各有其名，名比号更为众多，号以称呼事物的全体，名则是用来称呼事物的各个部分；号是概括的、大略的，名是具体的、详细的；名是具体的，把事物一部分一部分地区别开来，号是概括的，只是举出一个大纲。董仲舒通过提出“深察名号”，对上至天子，下至士与民各自的职分，分别进行了规定。正因为一切事物都有它们概括性的号，每个号又各有它所包括的“散名”，因此，一切事物都各自顺着名，一切名都各自顺着天意，天和人的关系就这样统一起来了。

国家大事与社会制度的是非标准，取决于它是逆还是顺；逆与顺的价值标准，取决于名与号；天地则是名号大义之由来。董仲舒认为圣人所制的名号反映了天意，这些名就是天意的体现，是不可以违反的。“深察名号”的目的在于“正名”，依据“名”来区分、判断事物的是非真伪，如果现存的事物不符合名的规定，就应该纠正，这就是“正名”。用名来鉴别是非，实际上就是要将儒家的三纲五常、仁义忠孝等思想作为衡量社会制度是否合理的价值标准。

应该说，秦王朝的国家价值取向，具有鲜明的法家重功利的特征，追求功利是一种最基本的价值观，功利性价值观具有重实用、工具性、物质性的基本特征。但是，从作为价值主体的人来讲，其价值需求是多方面的，对精神、文化的追求，乃至对人本身的尊严的追求等，皆不可能尽以功利性、物质性的价值取向来涵盖之，故秦王朝的核心价值观存在着某种先天的缺陷和不足。汉承秦制，但在核心价值观的建构和确立上，却与之不同。汉代社会核心价值观之确立，先后经历了两个大的发展阶段，汉初主要奉行黄老道家清静无为的价值观念，以天道的自然无为作为价值规范的哲学基础，缓解了秦王朝以暴虐为天下首、滥用民力所导致的危机；汉中期以后，适应中央集权政治统治的需要，强调“罢黜百家，独尊儒术”，建构天人感应、三纲五常的儒学价值观，将属人的价值观念客体化、神圣化，在价值认识上遂逐渐趋向于儒学一元化的价值观，为确保此价值观得到贯彻、实现，作为主流的儒学价值观念在社会人群中被进一步强化，与此相适应，各种儒学名教色彩浓厚的社会价值规范也进一步在社会中得到广泛应用。这种价值推进活动在东汉中后期也带来了一些严重的问题，所谓“举秀才，不知书；察孝廉，父别居。寒素清白浊如泥，高第良将怯如鸡”（《抱朴子外篇·审举》），在儒家名教价值观的影响下，社会开始产生名与实的分离，名教的虚伪性凸显。这个问题在魏晋时期得到进一步的讨论，魏晋玄风炽盛，其关注的主要问题之一，即在于探讨儒家名教价值观的根源、根基，以期明确社会性价值理念、规范的根本之所在，以消解儒家名教价值观对人性的异化。

（三）魏晋时期的社会人文价值规范

名理思潮对魏晋时期的社会人文价值规范的讨论较多。刘劭作《都官考课》和《人物志》，讨论人的才性、流品、政治人格等与用人制度和人才相关的问题；钟会、徐干、傅嘏等人对才性问题也多有讨论，从而形成名理思潮。

名理思潮以探讨人物鉴品为核心，注重探讨人才的鉴察、品评和任用，以发掘人的价值，塑造理想人格，并对两汉传统的名教观念进行了修正。

1. 才与性

汉末，传统的选官用人制度遭遇危机，选拔、考核官吏成为焦点问题之一，名理思潮讨论的主要问题之一即论人的才性。

才性问题是名理思潮的核心问题。曹操提出唯才是举、重才轻德的观点，强调选官任人只看其才。在他看来，有德行之士在现实中未必能进取、成就功业，而进取之士、有才能之人却未必有优秀的德行，才德既不齐，当以才为主。故他对于那些负污辱之名、见笑之行，或不仁不孝而有治国用兵之术者，皆加以重用，并要求各地方积极推荐这类人，对之要各举所知，勿有所遗。

徐干认为，才与性孰轻孰重，其判断尺度是事功，即实际功用。有人问他，士人或明哲穷理，有很好的才与智，或者志行纯笃，有良好的操行、品德，二者不可兼得，怎么办？圣人将何所取？他的回答是，主要还应该看其是否能明哲穷理，明哲穷理不离才与智，具备才与智乃能殷民阜利，使万物无不尽其极。故评判一个人是否有价值，并不以其徒有空名作为标准，而是以其是否有功于民作为准则。又有人问，如果一个人有才智而其行却不善，则是否可取？他的回答是：才智多、功利多则可取，如果其过愆多而才智少，则不可取。圣人贵才智之用，因才智之士能立功、立事而益世。

《世说新语·文学》载钟会曾撰《四本论》，于其中归纳出才性的“四本”之说。才性“四本”指才性同、才性异、才性合、才性离。当时，尚书傅嘏持才性同的理论，中书令李丰认为才性异，传郎钟会认为才性合，屯骑校尉王广则认为才性相离。大体上看，才性四本之说可分为合同与离异两派，合同派视才性为体用关系，性言其质、才名其用，善为本体、才为功用，才的作用在于表现善，故大才成大善，小才成小善，如有才而不能为善，则是才不中器。离善则才不成其为才，故他们主张在用人问题上，先举性行，而后言才，重才性的统一，与唯才是举的观点有异。离异派则主张将才性看成两个不同范畴，认为才与性不存在相互作用的问题，才性没有必然联系。

2. 人物流品与鉴察

讨论才性的目的在于寻求品鉴人物的价值尺度，这是当时社会的需要。刘劭作《人物志》，提出系统的人物流品与鉴察的学说。

首先，他认为，人从才能上可以划分为十二类，“有清节家，有法家，有术家，有国体，有器能，有臧否，有伎俩，有智意，有文章，有儒学，有口辩，有雄杰”（《人物志·流业》）。清节家德行高妙，容止可法；法家建法立制，强国富人；术家思通道化，策谋奇妙，此三家合称“三材”。国体之人兼有三材，三材皆备；器能之人兼有三材，三材皆微；臧否、伎俩和智意分别为清节家、法家和术家之支流；文章家能属文著述；儒学能传圣人之业，而不能干事施政；口辩之才重在能辩、应对；雄杰则胆力绝众、才略过人。

其次，人从情性上也可以划分为十二类，即“强毅、柔顺、雄悍、惧慎、凌楷、辨博、弘普、狷介、修动、沉静、朴露、韬谲”(《人物志·体别》)。这十二类情性有利有弊，故用人时要取长补短。如强毅之人其才可用于矫正社会时弊，然其失在于态度激烈、有攻讦之嫌；柔顺之人美在宽容，然其失在于缺少决断之勇；雄悍之人可取之处在于胆烈，然其失在于多忌；惧慎之人美在恭谨，然其失在多疑；凌楷之人其可取之处在于恒毅，然其失在于专断、顽固；论辨理绎之人能释去人们思想上的纠结，然其失在于流荡而无所归；普博周给之人能普遍地施其爱心予他人，其失则在于可能善恶、是非不分；清介廉洁之人，其美在俭固，其失在拘谨；修动之人心地磊落，其失在于疏阔；沉静机密之人精在玄微，其失在于迟缓、不能及时把握时机；朴露之人诚实，失在心思不能精微；韬谲之人有谲略，失在依违。

因为人之才能、性情各有所宜，从这一角度来说，则不同类别之间并不存在才能大小、性情优劣之分，而只有长短之别。如果能根据人们不同性质的才能、性情，委之以相应的职责，使之各得其宜，则可以人尽其才、才尽其用。在此基础上，刘劭认为，圣人、君主聪明平淡，其能达于众材，虽不以事自任，却能使各种人才各得其任。他甚至提出，俊杰者乃众人之尤，圣人者乃众尤之尤的观点，强调圣人与君主的统一，将治乱的希望寄予“圣君”，以“大圣之君”为理想君主，赋予其以治乱安民之务，将其视为完美人格的体现。

至于名理学家所说的监察人物，主要以名实相符为依据，考察人的实际能力和才智，然后根据其能力和功绩授官任职。如徐干认为，对人的考察主要有两个环节，即“己察”与“事考”，“己察”是统治者对任用之人亲自进行考察；“事考”是通过实际工作对任用之人进行考核，考察其实际能力和表现，关键在于“行”，行不积则人不信其事。刘劭则提出考察人才的“五视”之说，即居视其所安、达视其所举、富视其所与、穷视其所为、贫视其所取，然后才能知其人贤否。名理学家关于人物流品和鉴察的思想，提出了一套关于人物品鉴的理论，虽然是为统治者进献用人之术，但对于一般地评价人的价值，也提出了系统的价值哲学的评判标准。

应该说，魏晋时期的价值理念在秦汉价值观的基础之上又有大的发展。这一时期，思想家一方面关注两汉儒家名教价值观背后所蕴之天道自然的哲理根本，如王弼的名教出于自然、竹林玄学的越名教而任自然、郭象的名教即自然，乃至关于世俗王权合法性的讨论等，皆是如此；另一方面，在文化价值与物质价值方面，这一时期的人们更为强调文化精神的价值和人的价值。尽管以曹操等为代表的名法家对刑名法术之学与物质功利十分重视，但综观整个社会，对才性的讨论、对人物的品鉴、对情性的探讨，无不表现出人们对人性之真与美的价值追求。虽然这一时期社会动荡、统治者以高压施行其统治，但人们却更加大胆地表现了对自由的美好向往，这在人们广泛探讨生命的价值、人格的尊严、人的能力的价值等主流话题中可以得到体现。总之，魏晋时期多元价值理论的并立、并行，进一步丰富了中国传统价值哲学的内涵。

（四）宋明时期的社会人文价值规范

宋明哲学家大都认为，价值的实现离不开“教化”。在“教化”中，教化者通过有目的、有意识地向受教者施加系统的道德影响，不断深化他们的道德认识，培养他们的道德情感，坚定他们的道德信念，使受教者自觉地进行道德修养，践行道德义务，履行自己对他人或社会所应负的责任。为了实现“教化”，宋明哲学探讨了关于德性之善的种种表现和实现方式，为个体修养和社会完善提供了基本的价值原则和尺度，使之成为调整人自身、人与社会、人与自然等各种关系的行为规范的总和。

1. 诚与中和

宋明儒者皆重视个人的成德成性之学，并强调变化气质以达成之。北宋理学的开山之祖周敦颐认为，天道流行，造化生成天地万物，真实而无妄，故天之道为“诚”；人之道由天道而来，与天道相合，故人之道为“诚之者”。天、人以“诚”相贯通，天道即太极，太极动而生阳、静而生阴，成天地万物和人之性，故周敦颐所谓“性”，既包括天地万物之性，又包括人之性；人性有五类，即刚善、刚恶、柔善、柔恶、中，他强调人性修养要得其“中”，“中”即是“和”，“中和”就能合于仁与礼，故“致中和”为天下之达道、圣人之事业。

2. 民胞物与

北宋张载在其论“天地之性”和“气质之性”命题的基础上，提出“民胞物与”的人文价值观与变化气质的修养方法。他认为性与天、道皆源于“太虚之气”，由“太虚”有天之名，由气化有“道”之名，合虚与气有“性”之名，合性与知觉有“心”之名(《正蒙·太和》)。天地之性至善至美，气质之性则因人气禀之不同而有善有恶。道德修养的目的，就是要克去气质之性中不好的成分，回到至善的天地之性。为此，张载提出“变化气质”之说，他所谓“变化气质”，就是要加强个人的道德修养，经常改过迁善，使心中恒存仁爱。如果人的心意、行为皆合于仁爱，如此就可以成性跻圣。张载又提出穷理尽性论，认为尽性是悟解和把握自身所禀天性的过程，通过尽己之性就能尽人和万物之性，达到道德的最高境界——“诚”。他以穷理为“明”，尽性为“诚”，有“自诚明”者，即先自其本性之善上有切身之理会，然后扩而充之，以至于事事物物之理；

亦有“自明诚”者，即先穷理，先从事事物物的学问上去理会，然后尽己之善性。

张载根据其天地之性、太虚与气之说，认为天地之间一切人物皆一气之化，故人皆是我的同胞、万物皆是我的同伴，所以应该博爱所有的人、并及于物，这就是其著名的“民胞物与”之说。

应该说，宋明哲学中蕴含着极为深刻、丰富的价值理论思维的成果，对后世的影响至深至远。如“天理”“本心”“仁”“诚”的价值本体思想；“先立乎其大”“格物致知”“即物穷理”“涵养省察”的道德价值修养之工夫；“立人极、明王道”“急乎天下国家之用”“开物成务”“通天下之志”“成天下之业”“自强不息”“经世济民”的社会责任感；“义”与“利”、“道心”与“人心”、“理”与“欲”、“性”与“情”、“未发”与“已发”的价值评判思想；“厚德载物”“乐天知命”“与天地合其德”的道德价值的超越境界；等等。这些方面构成了中国传统价值哲学的主要内容。

第四章

“和谐”是体现社会主义特征的价值理念

综观当今世界，其深层矛盾中有一个重要问题，就是社会失去“和谐”，导致经济走向萧条、国家陷于混乱、民生极端困厄。如何解决此问题，中国倡导和建设的社会主义和谐社会为此提供了一个解决方案。

一、只有社会主义才能真正为社会的广泛“和谐”提供保障

（一）社会主义倡导人民民主，这为社会“和谐”奠定了制度基础

社会主义社会首先是人民民主专政的社会。在人民民主专政的社会主义社会，人民当家作主，成为社会的主人。因此，在社会主义社会，才可能真正建设和谐社会。在此基础上，我们说，和谐是体现社会主义特征的价值理念。

社会主义社会是和谐的社会。如何保证社会的和谐呢？我们的回答是，必须充分发扬社会主义民主。为此，我们要坚持人民民主，进一步完善我国的人民代表大会制度和人民民主的政治协商制度。因为社会主义国家的本质是人民当家作主，人民的利益高于一切；社会主义国家的重要功能之一，在于切实保障人民群众的利益得到尊重；只有实行社会主义民主政治，人民群众才能和谐相处。人民代表大会制和人民民主的政治协商制度，是人民民主得到实现的重要制度。通过完善这两项制度，进一步增进社会主义民主。这对于社会主义和谐社会的建设，具有重要的意义。因为从某个角度来说，民主是和谐社会得以真正实现的最根本的保障。

（二）社会主义“法治”为社会“和谐”提供了切实保障

在健全社会主义民主的同时，我们也要在全社会大力培养、倡

导法治观念。因为和谐社会一定是依照某种良好的规则有序运行的社会，而不是无政府的社会，更不是无序、混乱的社会。我们用什么来保证社会的有序运转呢？这离不开“法治”，法治保证社会的有序运转，同时也就保证了社会的和谐发展。

我们说社会主义是民主法治的国家。所谓“民主法治”，就是社会主义民主得到充分发扬，依法治国基本方略得到切实落实。应该说，“民主法治”是社会主义和谐社会的目标和得以建立的手段。民主为人民当家作主提供制度的保障，社会主义国家的公民依照国家宪法和法律的规定，通过各种途径和形式参与管理国家，管理经济文化事业，管理社会事务，这就是社会主义民主的具体体现。

实行依法治国，就是使国家各项工作逐步走上法制化和规范化的轨道。在和谐社会中，并不是不存在各种社会矛盾，而是各种社会矛盾能够获得及时解决，不至于演变为暴力冲突。要及时解决各种社会矛盾，当然离不开发扬社会主义民主。同时，更要通过依法行事，使社会矛盾和冲突及时得到处理，这样就可以使不和谐归于和谐。因此，法治是维护社会和谐的重要手段。

当然，“法治”离不开各项法律、规章制度，通过依法办事，公民就能够有法可依，社会就能得到治理，社会就有了和谐的基础。在各项社会规范中，法律是最具有明确性、确定性和国家强制性的规范。公民在参与社会活动的过程中，要注重培养自己认识、掌握和运用法律的能力或素质，这通常要通过公民掌握的法律知识、具备的法律意识和法律行为表现出来。

一般说来，公民的法制素养包括三个方面的内容：公民的法律知识、法律意识和法律行为。其中，法律知识是指公民对法律的认知程度，是公民在法律学习和实践过程中所获取的法律信息，包括法律规定（法律条文）的知识和法学原理的知识。法律意识是公民对法律现象的主观把握方式，是公民对法律的理性、情感、意志和信念等各种心理要素的有机综合体，一般由法律理想、法律情感、法律意志、法律评价和法律信仰等要素整合构建，而其纵深结构又可分为三个层次：法律心理、法律观念和法律意识形态（或法律思想体系）。法律行为就是公民所实施的、能够发生法律效力和产生一定法律效果的行为。每个公民不仅应广泛了解一些基本法律知识，还应该在日常社会工作和实践活动中，通过自己的行为、活动，培养自身的法律素养，从而带动整个社会法律素养和水平的提高，严格守法，依法从事各项活动，切实保障自己和他人的合法权利。

当前，我国已进入民主法治建设的新时代。我们强调“民主治国”，这就要求在社会主义民主的基础上，使社会各项活动逐步走上法制化、规范化道路。21 世纪将是我国各项法制逐步完善的时代，随着我国法制建设的不断展开，我国先后颁布了一系列法律、法规，这将保障每个公民更好地行使法律赋予自己的权利。作为社会的主体，公民在整个法制建设的过程中发挥着至关重要的作用。社会主义社会的公民，理应具有较高的法制素养，这也为依法治国打下了良好基础，从而为社会和谐提供了必要的条件。

（三）当前我国社会中存在一些不和谐因素的原因

加强民主与法治建设，是社会和谐、进步的要求。中国作为社会主义国家，要求每一个公民恪守职业道德，爱岗敬业，无私奉献，依法从事各项活动，在各自的岗位上，为我国的社会主义事业的腾飞和经济发展、社会进步作出贡献。

然而，在我们的社会中也还存在一些人，他们民主和法律意识不强，既不学法，又不懂法，更不遵守法律，导致违法事件时有发生，严重损害了社会的整体和谐，这也违反了社会主义国家公民的基本道德规范，损害了社会主义国家公民的形象，在社会上造成了不良的影响。因此，我们仍然必须加强民主与法治建设，促进社会的和谐。

应该说，当前我国社会还存在一些不和谐的现象，这些现象的存在，原因是多方面的。从根本上讲，发展是解决不和谐问题的最主要手段，发展存在问题也是不和谐的最主要原因。因此，只有不断提高国家和社会发展的质量和水平，才能为社会和谐奠定物质基础。

在制度方面，我们要进一步完善民主法治的各项制度。社会中有些不和谐的现象与制度的不完善是直接相关的，这其中当然也包括一些人为因素对制度的亵渎、破坏所造成的种种不良现象和社会问题。例如，我国曾长期处于封建社会，只有人治或人治统治下的法治，这使我国社会历史中法治缺乏良好的基础。

另外，国际、国内环境的影响，也是社会一些不和谐因素的诱因，而一些公民疏于自身修养，也导致种种不和谐现象时有发生。

链接

目前，我国公民的法律素养尚不乐观，社会时有一些不应该发生的事情。这些违法案例提醒了我们在社会中普及法律、提高公民的法制素养迫在眉睫、刻不容缓。

在当代社会，人们对法制问题的重要性认识还存在不足，对名与利的获取成为衡量一个人事业是否成功的最重要的指标，而对如何提高公民的政治素质、职业道德水平、法律知识等基本处于次要甚至是忽略的地位。公民缺少系统规范的培训，不能自觉对法律法规的具体内容进行学习。由于法律意识的淡薄和法律素养的缺失，一些公民在社会工作与生活中不能很好地遵纪守法。

——《教师的十堂政治素养课》，上海，华东师范大学出版社，2013

加强公民的民主法治观念，提高其民主素养，是培养守法公民的需要。现代社会是民主法治的社会，建设民主法治国家，除了要具备完备的法律体系、法律制度和相应物质条件，提高全体国民的主人翁意识也是非常必要的。公民作为国家和社会的主人，要树立公民权利、义务的观念，养成依法办事的习惯，这对于推进我国的民主政治建设，依法治国、建设法治国家，具有重要意义。

（四）健全社会主义民主法治，保障社会“和谐”

首先，健全社会主义民主，必须保证人民当家作主这一理念在社会生活中得到真正实现。在现实生活中，国家和社会要尊重每一个公民的独立人格，尊重宪法、法律赋予公民的各项民主权利，在此基础上，也要尊重并维护公民作为社会公众的各项权利，如社会参与权、民主监督权等。

其次，要将民主与法治相结合，在全社会建立、健全完整的民主法治的政治、社会体系。民主与法治必须有机结合、紧密关联，公民的行为、社会的有效运转，皆要服从国家宪法和法律的规定；要积极维护法律的权威，真正使依法治国的基本方略在现实生活中得到落实。

最后，要积极推进公民的民主法治素养的培养。每个公民民主法治观念和水平的高低，直接影响我国整体的和谐。但民主法治素养和观念是不会凭空产生的，我们要大力开展民主法治宣传，系统规范的民主法治教育是加强公民民主观念，提高公民法治意识的有效途径之一。必须运用各种手段和多样形式经常性地开展宣传教育工作，引导公民充分认识民主法治的重要性、深刻理解民主法治的内容和精神，增强其责任感和自觉性。当然，这项工作并非一朝一夕之功，它的实现需要有优良的民主法治环境和制度化的培养途径，是一个循序渐进的过程。

面对现实生活中破坏社会和谐，甚至颠覆国家、侵犯公民权利的各种违法犯罪行为，每个公民都应该积极主动地拿起法律武器，维护自己的合法权益，与违法犯罪现象作斗争；国家相关执法部门也要严格执行法律法规。公民的权利受到法律保护，不容任何人侵犯；一旦发生侵犯公民合法权利的行为，就应严格处理，绝不姑息放纵。这样才能有效地遏制各种恶性侵权案件的发生，维护公民的合法权益，维护社会的整体和谐。

二、社会主义倡导公平正义体现了社会的真实“和谐”

（一）社会主义意味着公平正义

我们认为，社会主义既是一种目标，又是一种达到目标的运动。社会主义意味着社会公平正义，这种公平正义，更多的是人们在法律上的一种平等，比如公民在权利、义务上的平等；同时，公平正义还包括人们在精神上享有平等地位，即所谓的人格平等。因此，公平正义意味着人们可以享有同等的自由，在法律面前一律平等，可以享有参加政治与社会生活、享受社会保障的同等机会，男女之间平等；在收入、财产和权利分配方面机会平等；在接受教育、培训和增进文化素养方面机会平等；等等。

社会主义本质上要求公平正义。一般情况下，在道德、文化、生活态势等诸多方面，社会中确实存在着各种各样的矛盾、充斥着各种各样的个人偏好。如果个体的道德立场、价值选择完全放任自流，群体的道德标准被排斥，则公平正义的社会将很难建立起来。在通常情况下，构建公平正义的社会主义，我们应该有一种平等的意识、精神，不能在人与人之间人为地造成一种法律地位乃至政治地位上的不平等。公平正义意味着要做法律所许可的事，但还有一个方面，就是要遵从社会群体的道德价值体系，这使得公平正义具有一种社会性、普遍性。要倡导社会的公平正义，就要强调群体道德体系的重要性，强调社会向善主义。为此，我们在追求社会公平正义的实践中，要注意把对个人价值的追求与对公共利益的强调相统一，使个人利益与社会公共利益协调一致起来，把个人发展与社会发展结合在一起。

链接

有一种对公平正义问题的相对主义解释，认为不存在关于公平正义的一般准则，公平正义只是一种规范，而不是美德或德性；退一步讲，即使认可其是德性，但德性因人而异，每个人都在实践着各自的道德观。我们认为，个人并不是一种自足式的、原子式的存在，人是离不开社会的，个人只有在社会中才能成为自己，也才能认识自己，一些人以个人的特殊利益来对抗公共利益，这种观点只认可个人利益的存在，容易导致极端个人主义。人要在整体生活中实践“善”，个人对“幸福”的追求离不开共同体，个体在社会中，要扮演不同的社会角色，如一个人在家庭中可以是儿子的父亲，又可以是父亲的儿子；在单位里，他又可以是各种角色。因此，个体需要在不同家庭、职业、社团等中扮演不同的角色，通过了解自己处于不同角色时所应尽的职责与义务，人们就可以发现自己的道德身份。在这种情况下，对于自己来说是善的，对于那些处于同样角色的人来说也必然是善的，所谓“己欲立而立人，己欲达而达人”，“己所不欲，勿施于人”，这样，个体对于善的追求就可以摆脱特殊性，而获得一种普遍性。因此，公平正义问题不能仅从个人角度去考察，还要从整个社会的角度去认识。

——《教师的十堂政治素养课》，上海，华东师范大学出版社，2013

公平正义是一种群体道德体系观照下的行为规范和准则，如果离开对家庭、邻里、社会、民族、国家等社会群体利益的关照，只追求个人利益，必然导致损害群体赖以生存的社会环境。社会是个有机整体，任何个人的自由、发展都不应该与社会进步、发展相悖，个人要从共同的公正道德与价值出发，为国家、社会作贡献，对其他社会成员承担必要的义务；国家的发展、社会的进步，也要为个人的完善创造更多、更好的条件。个人利益与公共利益原本不是截然分开的，在强调两者当中的任何一个时，应该同时要联系另一个，方能处理好它们的关系。

要使各种持不同哲学、道德观念、宗教信仰的人能够共同维护一个稳定和谐的社会，就需要有一种为大家所共同接受的公平正义理念。这就是所谓公共理性，有了这种公共理性，不同观念、信仰的人们才可能形成一个公共生活的领域，以一种为公民所普遍认可的价值原则来探讨各种问题。公平正义的观念总是处于发展与变化的过程中，不是静止不变的，与此相适应，公平正义的具体内容也处于变化过程中。但于此，并不能否认在具体的公平、公正内容之中，亦存在着一般的公平、公正的理性原则。因为社会中不可能不存在规则，这些规则是在社会活动的过程中形成的，是在差异和分歧中产生的某种共通性，这种共通性随社会生活的变迁或快或慢地发生变化，但于此变化中，有一些普遍性的原则和精神是有通约性的。

社会主义要创造条件，为每一个人实现其固有的价值、尊严提供与其天资、能力相适应的公平、公正的发展机会，平等并不是要消除差异性，差异为社交提供了可能和基础，也是社会合作的前提。公平、公正不是绝对的平等而是机会均等，这当中并不排除在现实中，个人因天资、能力的差异所形成的事业、成就大小的不同，承认天赋差异，尊重公正原则，是秩序、正义的基础。所谓公正就意味着社会保证不同的人以最适合于他们的方式来满足自身的需要。在公平、公正的社会环境中，不管人们天赋的差异如何，所有社会成员都能够平等地充分发挥自己所拥有的才干。好比在经济生活中，人与人之间经济条件的差异虽然存在，但人们仍然能享受社会所提供的各项保障机制所带来的基本生活保障和安全，能够公正地按照自己不断变化的能力谋取与之相适应的发展机会。如果把公平视为绝对平等，视为整齐划一，那就恰恰否定了公平。因此，我们在强调坚持社会的公平、公正性的同时，又要特别注意不破坏各尽其能、各得其所的原则。社会主义社会也必然存在差异与竞争，如何处理社会成员之间既相互竞争又和平共处、友爱互助的关系，为此就要提供某种秩序以约束人们的行为，从而确保人们合理的行为预期，调节人们之间的利益冲突，这就要通过强调社会的公平、公正来实现。在这个过程中，社会要关心实际的公正，而不是形式的公正。一方面，我们要尊重社会的差异性、多样性；另一方面，我们要保护弱势群体，包括妇女、老人、儿童、经济贫困者、残疾者等，确保他们的生存权利，从而维护社会的生态平衡，确保社会的平等、和睦与团结。

从文化层面来约束人们的行为，确保人们合理的行为预期，这可以通过对公平正义的强调来实现，因此，公平正义等素养应该纳入人们的规范性的行为准则当中去。应该说，公平正义的理念一旦形成，在一定时期内是稳定的，但随着社会的发展，它也有变化。时过境迁之后，一些关于公平正义的旧内容就可能不适合于新的社会需求。随着社会的进步，人们的社会活动内容越来越丰富，原有的一些关于公平正义的概念其适用的范围也可能不足，因此，公平正义除了有其普遍性的理性原则外，也有着特殊性，这种特殊性是与特定时期的特定社会生产方式乃至特定的文化相联系的。人是一种社会性的动物，社会性如特定的社会生产生活方式、特定的文化、特定的历史记忆、特定的精神追求等，皆处于变化过程中，具有相当的特殊性，因此，要衡量公平正义的具体内容及其价值，也要注意把它们放在特定的社会和文化背景当中去理解，这样，我们的认识就会更全面、深刻一些。

（二）社会主义进一步改善、促进社会的公平正义

我们要构建社会主义和谐社会，必须非常重视公平正义问题。

倡导社会主义的公平正义，就是寻找能够促进社会稳定、增进社会和谐与团结的有效办法。公平正义问题是当前民众所重点关心的一个问题，社会现象当中出现的一些“仇富”、“恨腐”的民众心理，虽不能说全部、但在某种程度上确是民众对社会中所存在的一些不公平、不公正现象的不满情绪的反映。

链接

由于种种原因，我们社会生活中不公平、不公正的情况时有出现，如教育方面的不公平就是其中的一种表现，由于我国目前城乡居民的收入、生活条件存在差异，其子女受教育的平等机会受到极大挑战，因不同家庭经济收入的差距拉大，城乡教育差距很大，尤其是一些进城务工的农民工的子女，他们或者成为农村留守人员的一部分，得不到父母的关照、教育；和父母一道进城的孩子，也很难与城市里的同龄孩子享有相同的上学条件。换一个角度，即便同样是城市孩子，由于父母行业和职位不同所形成的差距，也造成了教育机会在孩子之间的不平等分布。当然，这只是社会生活中不公平现象的一个方面。除了教育之外，在我们社会生活的其他方面，也还存在有一些不公平的现象。

——《教师的十堂政治素养课》，上海，华东师范大学出版社，2013

应该如何来看待、解决社会的不公平、不公正问题，社会根据什么来确认公平正义，社会又如何保障公平正义，这要有一个公认的标准和公共的权威，要求有某种为社会全体成员所公认的公平正义的标准。因此，建立一个公平正义的社会正义体系，首先要有一个共通的理念，即社会公平与秩序的社会共识；其次，在对社会生活中具体问题的处置过程中，人的尊严、权利平等与权利保障、摆脱贫困、教育机会平等都是构建社会公平正义的重要内容，我们要在社会实践中积极贯彻社会公平正义的理念，使之落到实处；最后，公平正义的实现，还要求有一套规范人们之间关系的制度对之做出保障，社会要有一个普遍适用的法律和道德体系来确定各种权利的界限，来协调各种不同权利要求，当法律和道德准则自觉地为个人及社会组织所遵守，且有一个强制力量来保证法律的实施时，社会的公平正义就有了制度保障。当然，单纯道德义务有时不能通过法制来强制执行，它所依靠的往往不是强制而是人们的道德自觉，社会公平正义的落实，是以法律还是以道德为中心，这是一个问题的两个方面：强调法律是从消极的禁止性规则角度入手的，讲究道德则是要推动人们去实现积极的善。我们认为，倡行社会公平正义，既要有法律的消极性的强制，也要有对社会公共之善如美德的积极鼓励。

公平正义是法律和社会道德体系的产物。从法律的层面看，法律只赋予一种权利；从社会道德体系看，公德只提供一种价值准则。怎样通过各种有效方式去帮助人们获得这些权利、使适宜的道德准则得到落实，实现个人和社会之间的和谐、安全，达成社会的公平正义，这也需要我们做出重点考察。我们认为，要在政治、经济、教育、文化、卫生、安全、消除贫困等方面实现社会的公平公正，应该重点关注下列社会问题：

第一，在全社会倡导公平正义，首先要为构建公平正义的社会主义创造必要的物质条件。

人们通常说，一个人如果穷得不能获得法律不禁止他获得的东西，如一片面包，那么，他实际上就和法律禁止他去获得这些东西一样不自由。人们首先要有生存权和发展权，才能为更好地享有其他权利奠定基础。为了维护社会的公平正义，一定先要为公平正义的落实创造必要的物质条件，这就要通过大力发展经济和科技，使社会生产力得到进步，人们的物质生活水平不断得到提高，人与人之间在经济上存在强烈反差的情况得到改善；要创造更多的保证机会公平、平等所需的社会物质条件，使社会物质资源能有效地向社会所有成员开放，虽然社会成员职业、出身、受教育、履历各不相同，但可以从社会中获得同样的安全感，这就能为社会的公平正义奠定一个良好的物质基础。

第二，公平正义原则要和差异原则、优先原则结合在一起。

社会中的每个人都是平等的，但每个人的选择又是有所差异的，人们的选择受到自己的感觉、评估、决定等能力的影响，因此，每个人在社会中行为的基本能力与行为的结果也是各不相同的。人与人之间财富与收入等物质方面的差别，既可能与社会制度有关，也可能与个人能力有关。公平正义就是要使每个人的权利都能得到有效保护，就是使每个人在社会中都能充分发挥、展示其能力，以取得与其能力相配的物质财富。如此一来，便产生了相应的问题：如何看待社会中的差异问题？公平正义与差异是什么关系？人们之间在职业与岗位上的差异，在性别、民族、国家乃至文化方面的差异，应如何看待？我们认为，公平是一个社会的准则，它不是绝对平均，正义应该是让不同的个人、不同的群体根据各自的知识和技能自由地追求不同的目标。社会主义竞争在一定程度上就是要打破平均，正义则要为这种打破平均提供保证。竞争促进社会的发展，对于在这个过程中的失败者或者被淘汰的社会成员，我们可以采取社会福利与慈善等方式，给予妥善安置，以体现社会主义的优越性，这在一定程度上，也保证了社会的公平正义。因此，我们认为，要在全社会贯彻公平正义的原则，一是要承认个体差异，二是要强调人与人的合作，求同存异。承认差异意味着承认个体性的存在，合作即差异的和谐，虽不同但却构成一整体，如此便可以求同存异，实现社会和谐。需要注意的是，公平不是所谓的绝对平等，倡导绝对平等将对社会的整体利益造成严重损害。

第三，要进一步完善公平正义的国家法律制度体系。

一个社会要存在，需要有一些最基本的法律制度，维护社会的存在与运转。《宪法》和法律所规定的人们所应获得的各种自由权利等，就是如此。有效积极的社会立法，全面适宜的社会保障，都可以看作对公平、公正社会的贡献。

链接

我们可以通过立法来建立最低工资制度、最长工作时间、用工安全标准；通过教育立法为受教育者提供知识和训练来发展他们的个人能力；提供广泛的就业机会；建立社会保障体系，为孤儿、弃儿、伤残人、年老丧失劳动能力者，以及贫困者提供社会救济；如此等等。

——《教师的十堂政治素养课》，上海，华东师范大学出版社，2013

公平更多的是一种平等权利，如法律上的人人平等，道德精神上的人格平等；正义无论是在政治上还是在伦理中，指的是权利得到保证、不受侵犯。公民基本权利的公平，必须以公平正义为目标，不能放任不公平在社会的泛滥。在公平正义的社会中，要确立起公民的理念，建构秩序良好社会的理念要得到提倡，我们要在全社会倡导公平正义，强调机会公正、权利的平等、尊重法律、以和平方式达到合法目的，使人们获得一种善的熏陶、培养起一种社会正义感。公平正义的理念应该具有合法性，否则就得不到公众持久的忠诚与服从。

第四，强调社会的公平正义，还要在全社会加强道德伦理的建设。

我们认为，社会不仅要有规范伦理，还要有道德伦理。所谓规范伦理的特点就是强调法律，这是一种消极性的禁止性规范；道德伦理强调人格的完善，个人积极追求善的行为被提倡。

从道德伦理的角度看，则公平正义与所谓善与恶是紧密联系的。从公共利益的角度来看，有助于实现共同利益者即为善，反之，对共同利益造成破坏者则为恶。对于公共的善，人们能以自己整个身心去维护它，于是就产生公平正义，公平正义可以是一种思想，即我们所说的正义感；当然也可以是一种外在的行为，即正义的行为。对正义的追求，是人的一种自我实现的方式。人在维护正义的过程中，获得了精神的充实和满足。有一种观点将对崇高理想与终极价值的追求看成一种“元叙事”。“元叙事”通常被当作一切知识、价值观念的最高标准，它以一种普遍有效的规则阐释世界、衡量其他观念和思想体系，影响人们的话语与行动，并指导人们的实践，确立起政治与社会发展的合法性，是一种带有强烈政治倾向的公共观念。“元叙事”反映的是一种统治性、权威性，它主观赋予人生、社会生活以意义，因而又带有很强的个人性、道德性、神话性、宗教性。“元叙事”通过社会传播构成了一定的社会制约关系，一些传统的价值观念和行为模式如公平正义亦与此相关。

在这里，要澄清一个观点，即认为对终极价值的追求将意味着对差异思想、话语体系和限制的抛弃，意味着一切变革的努力将被列入非法化的领域。我们来考察一下中国哲学家对这个问题的思考。毋庸置疑，中国哲学中有相当一部分哲学家主张对终极价值的追求，但在中国的哲学思维中，这种终极价值从来不会采用某一种形式来表现，以宋明理学家的“理一分殊”的命题为例，“理一”即是肯定了终极价值的存在，但此“理一”又不是只有一种表达的形式，它可以有无数多的表达形式。这些表达形式除了有空间的广延性外，还有时间上的历史性。故肯定终极价值的“元叙事”并不会导致历史的终结，因为总有源源不断的方式可以展示其价值，也总有源源不断对其的背离，这种展示与背离构成了一种内在的张力，促使历史不断变化。而且，肯定终极价值的存在，社会生活、个人之精神皆有所指向，有上升的方向和空间，如此才有进步之可言。

现代社会越来越成为一个意识人网络，人与人之间通过各种媒介沟通、交流各种信息，人际交往形势发展形成的生活的世界，与在网络上交往所形成的虚拟世界并存。这种局面为社会提供了一种新可能，即个性差异、多元变化和人际沟通。社会原本就是公民自由交流、合作、对话的系统，这个系统虽处于动态的变动之中，但并不意味着其中没有共性，我们要于其中探寻、期望一种秩序、意义。一些人反对崇高理想、终极价值的提法，认为这是一种叙事中的极权主义，提出要以多元性、复杂性、异质性来替代整体性和同质性，反对一般性和普遍性的公平正义，通过强调临时性、变异性、暂时性的转变和变革，重视历史化、语境化和多元化。对此，我们要讨论这样一个问题，即社会公平正义等“共识”是否可能达成，“共识”是否一定破坏多样性，对元话语的认同是否就一定不可取。我们认为，社会公平正义等“共识”在构建社会文明的过程中有着不可忽视的作用，因为它将对话、交流、合作作为社会的基础，使社会与社会生活成为可能，肯定“共识”的存在，就是肯定了支撑现代社会中各种合法性的话语和知识，如果否认之，则现代社会就失去了支撑其运作的精神支柱，失去了用来凝聚和协调社会内部各种利益和多元价值观的文化机制。当然，“共识”只是一种暂时状态而非终极状态，人们通过交往是可以获得共识的，共识与异议，总是同生共长的，分歧与异议并不排斥“共识”的存在。应该说，社会是差异与共通的统一体，不能只强调其中的一面而否认另一面。正因为如此，公平正义也保持着一种开放的态势，其具体内容随着社会生活的变迁而不断变化。我们在现时代倡导公平正义，就是要创造条件，使来自广泛不同的各阶层的人在公认的合理正当的原则下，能够和谐共处，分享平等的权利和自由。

第五，国家和社会在倡导公平正义中的地位和作用，需要引起我们的重视。

国家是一种制度化的权力，国家集合了一整套功能与结构，并有将之普遍化的力量，国家也具有其文化的特质，因此，在维护社会的公平正义过程中，国家可以发挥重要作用。社会是由不同个人所构成的有机体，过社会生活是人们的普遍需要，社会生活实践所积淀的一整套社会道德规范，对于人们公平正义素质的形成，能起到重要的熏陶、塑造作用。社会在救济贫者、扶助弱者、规定最低收入标准和生活标准、推荐各类社会保险、扩大公共教育等方面可以发挥广泛作用。但是，也要注意这样一个问题，公平正义并不意味着人人直接参与国家事务之管理，因为国家事务的管理是非常专业的行为，需要专门人才。社会中每个人的主张、利益都有差别，如果人人都各行其是地去管理国家事务，必然导致灾难性的后果。所以，在全社会倡导公平正义，我们要重视国家、社会在这个问题上的导向作用，但又不是让社会中的每一个人直接参与国家事务的管理。

国家不仅要维持社会秩序，还要塑造社会生活。真正在社会中起组织作用的是渗透在社会生活各个方面的思想以及由此而发展起来的各种各样的法律和道德行为规范。首先，国家、社会要明确某些原则可以成为社会共通的准则，使人们有规则可循，能按章行事；其次，通过某些切实的途径与方式来宣传这种为社会所共同接受的准则，使之能深入民心；最后，形成一种机制，对此进行评估，以便人们明确在社会中能提倡什么、抛弃什么。通过这种方式，可以使社会由无序走向有序，实现多元共存。公平正义等社会秩序的合法性要通过某种意识形态的结构加以证明，但随着时代的发展、社会的变迁，原来可以为社会秩序提供合法性证明的思想与文化意识、规范结构遇到了问题，不能为变化了的社会秩序提供合法性的支持，由此，就需要建立新的、能证明社会秩序合法性的意识形态。在此过程中，国家、社会将可以起到重要作用。

第六，公平正义的两个实现维度：一是实践的维度，二是理论的维度。

实践的维度就是人在社会实践中为实现公平正义的崇高理想而不断进取。在此，又有所谓消极的态度与积极的态度的区分，消极的态度是公民被动性地适应法律与道德体系；积极的态度在于公民能够按照公平正义的要求，积极主动来塑造自己。积极的态度不仅保障了公民个人的自由，而且保障了共同体的权威，使所有公民在平等的基础上达成相互理解。

理论的维度之所以需要，是因为任何一个社会的合法存在都必须有一定的意识形态的支持并对其加以论证，使之成为公众接受的理念。社会公平正义理念的形成依赖于人们之间的交往和理解，在文化领域，要用人们之间真诚的而不是扭曲的沟通来取代各种利己主义。我们要重视不同主体之间的交流、沟通，通过不同主体之间的互动，在协调自身行动方面达成一致，形成一种群体性的规范性期望。主体之间、主体与外在客观世界之间的关系构成一种平等交往的关系，本着相互理解、相互信任、相互依存的原则，来解决纠纷、化解冲突，从而形成一个公共领域。在此公共领域中，主体间能够进行自由、高水平的沟通，通过这种沟通建立起一种共通性的公平正义的理念。一种观点否认公平正义在社会中实现的可能性，因为他们从个人主义的角度出发，认定人都是最大限度地追求私利，把自利作为行动准则，以最有利于自己的方式行动，虽然他们为了自己的私利，在特定的时候也有促进公共利益的愿望，但这种愿望很容易被其他更有诱惑力的愿望所排挤。这种观点涉及人性的界定。我们认为，在现实生活中，人的行为并不总是将追求私利当作唯一目标，物质生活与精神生活对于每个人来说，都具有重要的地位，理想、情操乃至信仰等多种精神性因素在人们的生活中占据着重要的地位，利他主义、关注整体利益、自我施加约束等，在生活中也并不少见。

综上所述，我们认为，和谐是体现社会主义基本特征的价值属性，只有在社会主义社会才能历史地实现真正的和谐。社会主义社会应当是一个坚持以人为本、充满创造活力的社会，是一切有利于社会进步的创造愿望得到尊重的社会。在社会主义社会中，全体人民互帮互助、诚实守信、平等友爱、融洽相处。在社会主义社会中，各种社会资源兼容共生、互相促进、互相联合，社会结构合理，社会组织机制健全，社会管理完善，社会秩序良好，各方面积极性得到广泛调动，各方面利益关系得到有效协调。社会主义社会同时也是生态良好、人与自然和谐的社会。

第五章

“和谐”是具有世界普遍意义的价值理念

“和谐”作为具有世界普遍意义的价值理念，为人们提供了处理人际、国际关系的良好范式。“和”以差异为前提，只有差异性的共存，才有“和”的存在。差异性必然要求每个个体包括个人、民族乃至国家的自我实现，即要将其所具有的最本真性质转变成现实存在。“谐”则强调差异性的谐和、有序，强调人际、国际关系的圆融、无碍。

作为世界大家庭的重要一员，中国以什么样态度和方式去参与、推动世界文化价值发展方向的调适，既是一个非常重大的理论话题，也是一个不容回避的实践问题。我们的答案之一，就是推行“和谐”文化的价值理念。只有建立在“爱”之基础上的“和谐”价值理念，才能真正肯定世界不同国家、不同民族的本真特性，才能在不抹杀各个不同国家、不同民族的本真特性的基础上，建构“差异相通”的“和谐”国际社会。

一、以“和谐”作为世界普遍文化价值理念的理论依据

（一）“和谐”价值理念建立在“爱”的情感基础之上，使之可以成为具有世界普遍意义的价值理念

“和谐”价值理念建立在“爱”的情感基础之上。在中国儒家看来，“爱”本身既有普遍性，又有差等性。从“亲亲”到“仁民”，从“仁民”到“爱万物”，爱由近而至远。这种情感发自每个人的“良知”与“善性”。以“亲亲”为例，前一个“亲”为动词，后一个“亲”为名词，即爱其亲人的意思。为什么要爱其亲人呢？追溯其源，则又是由每个人所具有的“爱”自己的天然情感所引申出来的。儒家持一种“情善论”的立场，认为每个人都有一种根源于其

自身的“爱”，由爱自己发而在外，则能爱亲人、爱朋友、爱国家、爱人类，乃至于仁爱万物，宇宙和谐一体，皆是由此“爱”而来。因此，儒家认为“爱”的情感可以成为普遍性存在。

爱又体现出差等性。儒家不仅讲“爱”，还讲“爱”的效果，也就是要考察某种“爱”发出之后，是否合适？以其专门的术语来讲，则是“爱”发出来是否“中节”、是否能“当于理”？在“中节”和“当于理”的过程中，“爱”就必然呈现出差异性。例如，在我们的教育中，教师当然应该“爱”学生，一个不爱学生的教师，很难成为一名合格的教师，但教师对学生的这种“爱”，与这位教师爱自己亲人的那种“爱”，无疑是存在差别的。教师对学生的“爱”应该表现为一种“爱护”，这与其对自己亲人的“爱”不能相等同。这样的例子还可以举出很多。

我们之所以倡导“和谐”，是因为“和谐”的价值理念本来就是建立在普遍性的“爱”的基础之上的，这种普遍性的“爱”在表现的过程中，必然呈现出差异性，这就是“爱有差等”，但“爱有差等”或者说差异性又不妨碍其具有普遍性。这种差异性与普遍性的共存，即表现为“和谐”。“和谐”的一个基本特征，就是“差异相通”。因此，“和谐”观念及其价值实现方式将人类最普遍、最值得肯定的“爱”的情感作为其存在的基础，从而可以成为具有世界普遍意义的价值理念。

当今世界，不同民族之间、不同国家之间如何“和谐”相处，成为国际政治需要认真对待的一个重要的现实问题。“和谐”的价值理念对此能够提供什么样的具有积极意义的解决方案？“和谐”的价值理念必然要求处理国际事务从“爱”出发，以“爱”作为处事的最高准则，或者更进一步，以之作为不同国家追求的终极目标。由“爱”则生“功”与“利”，此“功”与“利”与“爱”相伴，其重要表现之一，就是国与国之间不论大小皆和谐相处。一个国家的行为皆出于爱、出于惠及人类的考量，由此所带来的功与利皆合于

“爱”的精神，则能实现不同国家、不同民族的“和谐”。与此相反，一个国家或民族若只从一己之“私利”出发，不能将“爱”扩而充之，就必然会不断在国际社会制造各种麻烦，这个时候，国际社会就没有和谐了。和谐之爱的精神彰显，才能统摄各个国家，使之作为一个“共在”体而存在，各国皆能受惠于此。正因为此，我们才说，“和谐”可以成为具有世界普遍意义的价值理念。

（二）“和谐”价值理念体现了多元普遍、差异相通的特性

“和谐”的价值理念，强调差异与包容，差异意味着其具有多元性；包容则意味着其能于差异性中发现、找到普遍性的价值。故“和谐”的价值理念持一种既多元又普遍的立场。

“和谐”的价值理念，恰恰可以打破在价值问题上的一种所谓的“价值不可通约”的观点，这种观点认为价值只具有相对性，而不可能存在客观性、普遍性。不同民族具有不同的精神气质，在看待世界时也总有不同的视角，这就可能表现出无限的多样性，故说价值观具有独特性、多样性是正确的。

我们的认识不能仅仅停留在这一层面上，如果我们换一个角度看问题，就会发现，虽然价值观各有不同，但于其中所体现的精神实质，却可能存在着某种普遍性的因素。好比中国人常说的“打是亲，骂是爱”，“打”“骂”与“亲”“爱”一般说来是相互对立的，“亲”与“爱”的表现形式，通常不可能以“打”和“骂”来表现。如果脱离这种具体形式的对立，进入精神实质的层面，则会发现有时候“打”与“骂”，恰可以表现人们之间的“亲”与“爱”，这是因为我们摆脱了机械的以为“打骂”不是“亲爱”的形式的认识层面，进入实质性地考察问题的阶段，这时我们发现，差异乃至对立中存在着相通点，存在着普遍性。“和谐”最能体现这种差异性的统一，“和”意味着多种多样、丰富多彩，“谐”则表明差异性可以相

通、可以共存。

如果比较东西方的不同价值观，我们发现，它们看问题的视角可能多有不同，但彼此所关心的问题却没有太大的差别。它们之间的差别也可能只是价值观中不同价值要素的排序与组成结构的差异。因此，中国文化关于“和谐”的价值理念，亦可以包容西方的价值观。

（三）“和谐”价值理念倡导和而不同、和而相通

在中国哲学中，价值不属于科学方面的问题。科学问题侧重认知，以知识、逻辑为前提，但价值问题更多地属于人们的生活实践范畴，这种生活实践看来似乎是偶然的、随意的，其原则也似乎是私意的，不可能具有普遍性。

中国哲学与文化强调“和谐”，是因为其关注点在于人如何成为理想的人，由人所组成的社会如何成为理想的社会。在这个过程中，其必然以价值和道德理性作为考察的核心，所谓知与行，不是一般所说的科学知识，即不是一般所谓的征服自然、改造自然的活动，知与行皆发自人自我完善的需求，人在自我完善的过程中，由其内在的理想精神发而在外，便有了具体的知与行。但这种知与行与纯科学的认知与实践还有一定的差别，因为它主要关乎人性的修养，是由人性修养过程中所发出来的知与行。对于科学，只要是条件具备、程序得当，所得之结论便具有普遍性，而人性之修养，则更多的是个人的体会、体验，这种体验带有个人的情感色彩，具有个体的殊异性，因而似乎不可能具有普遍性。但中国文化却不这样认为，如孟子讲人性善，并不是讲个别某个人或某一类人的人性是善的，而是认为人性普遍是善的，虽然人性表现得千差万别、各有不同；陆王心学讲“人同此心，心同此理”，也是从普遍意义上来讲的，但陆王心学此说也并不否认差异性的存在；佛教禅宗不立文字，强调以“心”印“心”，也许有人会问，人心各不相同，如何能彼此印

证？但对开悟的禅师们来说，正因为他们彼此之间心与心相通，故能相互印证，这种相通性就是建立在普遍性的基础之上的。

链接

与西方哲学处理形上学的方式不同，儒家哲学始终以价值、道德理性为核心理解人性和人的存在，在此基础上确立其形上学的普遍原则，这使它区别于西方传统形上学而具有合理的根据。但是，它所理解的价值、道德理性却与西方哲学有很大不同。一方面，中国哲学强调道德理性与知识的区别，儒家讲学以致圣人之道，避免了西方传统哲学那种将价值与认知的问题相混淆，又站在理论认知立场处理形上学问题的弊病。另一方面，与此相应，儒家哲学从未把理论作为一个抽象的环节从价值和道德问题中抽离出来，形成“实质”或情志内容与形式原则的对峙。恰是这种对峙使西方哲学倾向于把情志内容抽象化为心灵的一个偶然的环节。儒家哲学则从知情的本原一体性出发理解心或理性的概念。我们可以称之为“中道理性”，以区别于西方哲学一般所谓的理性。以此为根据，儒家哲学构成了其对价值原则的独特理解。中国哲学对价值和道德理性的理解方式，既保持了形上学的合法性，又在经由“实质”以确立原则的同时，肯定了这种价值原则的客观普遍效准。

——李景林：《价值的普遍性与相对性》，载《哲学与文化月刊》（台湾），1992（223）

中国的“和谐”文化与思想并不否认个体之间具有差异性，但这种差异性是与普遍性相互贯通的。中国的“和谐”思想，很少出现所谓原子式的个体主义，这种观点认为：个体与个体毫无相通之处，每一个体皆是自生、自造的，彼此之间不存在同一与贯通。但如果深入思考一下，这种观点恰是将个体抽象化了，因为在这个世界上，并不存在一种只有与众不同却没有共通性的个体。在认识事物时，我们看到了个体、看到了差异，这是我们区别认识事物时所应当持有的立场，不如此，我们就不可能对个体事物的本性做出清晰的认识和表述；但我们如果仅仅停留于此，则可能导致“只见树木，不见森林”。为此，我们还可以从另一个角度和层面来认识事物，即从个体的、不同的事物的“通性”上去认识、体验事物的存在及其表现方式，这种认识并不抹杀个体的真实性、独特性，而是强调保持个体的独特性、真实性的同时，达成其整体性的贯通，这就是一种“和谐”。

魏晋玄学中的郭象庄学，一方面讲“独化”，认为这个世界没有造物主，万物皆自己造成自己，这就是所谓的“独化”，犹如嘴唇与牙齿本不相同，各自独化，但是，唇与齿之间又存在着彼此之间的“相为”。宋明理学讲“理一分殊”，它首先肯定每个个体性的存在具有独特性、自在性，但这种独特性、自在性又不是封闭的，它既内在又外在，既有个性又有开放性，差异中相通，“通”的基础即“理一”，在“理一分殊”的理念中，整个宇宙和谐一体，既有差异又能贯通。此说旨在证明，作为个体性存在的人，其价值实现虽然是独特的，但并不排斥其中存在着相通的、普遍性的价值原则。

也就是说，中国的“和谐”文化精神，不认为个体性只是封闭物，只能以一种原子式的方式存在。虽然中国文化在谈“和谐”时，前提是肯定个体性、独特性，但这种个体性存在在实现其自身价值的过程中，可以成就一“和谐”整体。如在不同情况下，人们皆应持一种对真、善、美的理想追求，这种追求是保证人类不断完善、进步的动力，在追求真、善、美的过程中，每个个体所面临的情与境当然会有所不同，其表现也必然有所差异，甚至在某些情况下，其表现形式还可能具有对立性，如前所述之“打”“骂”与“亲”“爱”，但这种差异甚至对立，并不排斥不同个体在精神指向性方面具有实质的相通性。这种相通性使得个体能够在实现自我的过程中，不断向周围的他者开放，彼此相互理解、沟通。这个过程并不是抹杀个性的过程，而恰是要在保持个性独特的基础上方能进行。

当然，中国文化在谈论此问题时，更多地将问题限定在理想人格的修养方面。如宋明理学认为人性有“天地之性”与“气质之性”之分，但这两者又不是两种不同的人性，而是一性，一性中既有“天地之性”，又有“气质之性”；“天地之性”与“理”相联系，“气质之性”与人所禀的“气”相联系；“理”与“气”的关系，是“理”在“气”中。由于人的禀气有清浊厚薄，故人的气质相互差异，但差异的禀气中，皆存有“天地之性”，且“天地之性”只有落在禀气之中，才能现实地存在，不然，“天地之性”就挂空了。由于气质的独特，故每个个体皆是独特的、个性的；但每个个体皆有“天地之性”，故不同个体之间是可以相互贯通的，这种既独立而不改，同时又周行而贯通，即“和谐”的题中应有之义。这种“和谐”观认为，人和事物皆个性鲜明、各个不同，同时又相互贯通、具有开放性，能够和而不流、和而相通。

二、以“和谐”作为世界文化价值理念的现实意义

（一）以“和谐”作为世界文化价值理念具有必然性

以“和谐”作为世界文化价值理念具有必然性。这是有理论和现实根据的：

其一，“和谐”方能导致人与人之间的“认同”。人在这个世界上，并不只是一个个孤立的、原子式的存在，人们不能离开社会生活，人的工作、学习、生活等实践活动，皆具有社会性的特征。社会由不同的人构成，但又不能还原成一个个不同的人，社会性本身就体现了一种整体的“和谐”。

在这种“和谐”氛围中，不同个体之间必然存在着一种“认同”，这种“认同”的内容很广泛，人们通常所说的政治认同、阶级认同、身份认同等，都包含在内。其中，一个非常重要的认同是“文化认同”。这些认同，都是建立在“和谐”的基础之上的。只有“和谐”，才能为认同奠定基础。

其二，“和谐”并不必然“趋同”。在前文中，我们讨论过“和”与“同”的区别。中国古人认为“和”与“同”是不同的。“同”是抹杀个性，消灭独特性，个体处于一种“千人一面”的趋同状态。

“和谐”则不同，一方面，“和谐”建立在保持个体的个性、独特性的基础之上；另一方面，每一个个体性的存在构成一个群体，在这个群体中，不同个体共生共存，它们之间也存在着一种共在性，这种共在性因个体的差异和变化而处于动态的变化之中，每个个体以自我的特殊方式来塑造这个群体。同样，这个群体也以其不断生成的共生、共在的性质影响着每个个体，以便让每个个体将此共生、共在内化为自我应有之内涵，如此，则个体也因此得到内涵上的充实、更新，这种充实、更新结合个体本身的独特性，将可以使个体得到进一步的发展、升华。

这样，个体与群体之间便形成了一种良性的互动，个体以自我的方式影响群体，群体以共生、共在的方式影响个体。因个体性的存在，群体丰富多彩；因群体的共生、共在，个体得到充实提高。如此，则能够建立起不同个体之间的群体“和谐”。

其三，全球化进程中的“和谐”呼声。目前，人类社会发展的过程中出现了全球化的趋势。全球化是人类社会科技进步的一个结果，因为科技的不断发展，人们生产、消费的各个环节都具有了世界性；全球化也有利于资源的合理配置与应用，可以有效提升市场的功能；全球化促进了人与人之间的交往，人们对于世界和平的渴望、要求，在这一时期更加明显、突出。

在全球化的世界大家庭中，各个民族、国家不再是一个孤立的存在，而是处于相互关联、动态发展的整体当中。因此，全球化并不意味着消解不同民族和国家的个性，而是指具有不同个性的民族、国家皆以自己独特的方式，加入全球化的过程中，这就必然要求不同民族、不同国家“和谐”相处，也就是说，全球化的进程必然要求“和谐”。中国文化中的“和谐”价值理念，既尊重各个民族、国家的个性，尊重其应有的主体意识；同时，也强调各个民族、国家的共生、共存，因此能够成为具有世界普遍意义的价值理念。

（二）如何理解“和谐”价值理念的精神

“和谐”并不意味着否定主体性的存在。有一种观点认为，中国传统文化的价值认为自我是非主体性的，如儒家的“毋必”、道家的“无为”、佛家的“无我”，皆有否定自我的意味。这种观点对于中国文化的“和谐”精神，实是一种误解。我们认为，“和谐”必然要求有两个层面的视角：一是从个体自我出发，考察自我的殊异性如何体现普遍的“爱”，这种考察必然以时间、地点、条件为转移，必然具有个性和差异，这种独特的个性和差异是不能被消解的。如儒家所倡导的“泛爱众”要求“爱”被及一切，故一个人爱自己的爱人，当然也应该爱朋友的爱人；但这两种“爱”就不能相混淆，故这个人就不能以“泛爱众”为借口，以爱自己爱人的方式，去爱朋友的爱人。这个过程是不可能将具体之爱的个性与差异消解掉的。

二是我们还要从个体性出发来一个超越，这里所说的超越并不是“否定自我”，因为超越恰恰是以“自我”的存在为前提的。所谓超越，是暂时将“自我”搁置，将“爱”的具体内容搁置，去探求具体的“爱”背后所体现的实质精神。以这种实质精神来统摄不同内容的“爱”，这就可以达成尊重个性的同时，又能“和谐”地兼容并包。若要达成“超越”，即要“毋必”“无为”“无我”，这里的“毋必”“无为”“无我”是达成差异性存在“和谐”相通的一种境界，只有在这种境界中，才能建构起“和谐”。

也有人认为，如此说来，“和谐”就只是一种忘我的境界超越，而不是一种自我实现的现实超越。我们说，“和谐”并不只是一种境界，它也应该是现实。只有每个个体在现实中充分地实现自己的本真价值，才能将不同个体之间的“和谐”不断地推向更高层面、更高水平。因此，“和谐”并不意味着一成不变，并不是保守、裹足不前，而是在每个个体自我实现的过程中不断达成群体间更高层次的协调与发展。

有观点认为，“和谐”价值理念反对斗争、不讲转化，倾向于维护现状，对此我们应该怎样看待？“和谐”意味着差异，差异各方的相互作用必然导致整个局面的动态发展，故“和谐”并不是静如止水的静态存在。“和谐”导致的动态发展使局面由低级状态的“和谐”向更高层级的“和谐”过渡，这在当前和平与发展成为世界主题的国际形势下，尤其有其重要的现实意义。“斗争”是建构更高层级和谐的一个手段，其与“和谐”价值理念并不矛盾。至于说中国古代社会中，“和谐”的价值理念从来就没有得到过充分的实现，这要具体问题具体分析。对于我们当前来说，倡导社会主义和谐的价值理念，就要充分考察其落实的各项运行机制，使之不仅仅停留在文化价值理念的层面，更体现在现实的日常人伦之中，这需要全社会的共同努力。

（三）如何更好地落实“和谐”价值理念的精神

既然“和谐”的价值理念如此重要，可以成为具有世界普遍意义的价值理念，我们就要：着力对“和谐”这一价值理念作进一步的理论阐释，这是基础性的学理工作，只有首先要将这个工作做好，才能夯实其进一步发展的基础；我们还要分析“和谐”背后所体现、折射的文化精神，分析这种文化精神在现代具有何等价值，将其理论价值与现实意义相结合。为此，我们要循着“理论—实践—问题—理论”的方式，不断将理论付诸实践，在实践中发现问题，在问题中改进理论，使“和谐”价值理念的内涵在实践中不断得到充实。

中国文化价值观的各项内容是相互支撑、相互促进、共融共生的，在强调“和谐”价值理念的同时，我们也要将其与中国文化价值观的其他内容结合起来，使之成为一整套规范人们生产、生活行为的价值体系。

链接

赵馥洁教授在其《中国传统哲学价值论》的导论中提出：“中国哲学价值论是以人为本位，以道德为主导，以功利和权力为两翼，以‘自然无为’为补充，以群己和谐、天人和谐为真善美统一的理想境界的价值观念体系。”

他认为，传统哲学的本体论并不以宇宙的本质为认识的根本目标，而是借天道以明人道；传统哲学的认识论并不以认识的来源和规律为探讨的最终归宿，而是借知行以说道德；传统哲学的辩证法并不以世界的运动过程和规律为研究的至上兴趣，而是借阴阳以言治平；传统哲学的历史观也并不以历史发展的客观必然性为思考的终极意义，而是借理势以论至治。自然与人伦合一，知识与道德融合，宇宙法则与治世规范统一，必然原理与应然判断贯通，是中国传统哲学思维方式的本质特征。

综观中国文化的发展，于其中始终贯穿着“和谐”的精神旨趣。如在先秦时期，以孔子、孟子、荀子为代表的儒家，重视伦理、德性和礼乐的原则，以墨子为代表的墨家则重视功用的原则，道家的老子、庄子则更重视自由和自然的原则，诸子百家看待问题的角度、解决问题的方法各异，然又在一个更高的层面上相互贯通，这就体现出一种“和谐”。以这种精神来解决当世之问题，未尝不可，虽然我们所面临的问题与古代相比已经有了极大的不同，然而处理问题的精神与态度，则可以相近而有所借鉴。

所以，以“和谐”作为具有世界普遍意义的价值理念，通过强调“爱”自己来实现人自身的身心和谐；通过强调“爱”亲人来实现家庭的和谐；通过强调对他者的尊重、关怀来营造社会层面的和谐；通过强调国家与国家之间的相互尊重来营造国际的和谐；通过强调对自然的爱构建人与自然的和谐。这些“和谐”的价值理念，通过中国文化中诸如“修心养性”“亲亲尊尊”“仁者爱人”“和而不同”“生生不息”“天人相合”等命题得到具体展示，其中，“修心养性”对于个体追求自己身心和谐具有指导的意义；“亲亲尊尊”对于营造家庭和谐有不可抹杀的价值；“仁者爱人”对在社会中形成和谐共融的人际关系具有指导意义；“和而不同”对处理国与国之间的关系、构建“和谐世界”有重要参考价值；“生生不息”对倡导人类可持续发展有启示意义；“天人相合”对于缓解日趋恶化的全球生态危机、构建人与自然的和谐关系具有指导意义。